資格試験受験の
カリスマ講師が教える

行政書士
竹原 健

宅建士試験

最短最速！

非常識合格法

短期間の集中学習で
一発合格！

すばる舎

はじめに

「宅建士試験」は、方法を間違えなければ絶対に合格できる試験である

宅建士試験（宅地建物取引士資格試験）は、毎年20万人以上が受験する大人気の資格です。

出題数は50問で、その出題形式は、4つの選択肢の中から1つ正解を選び出す択一式であり、70％程度正解すれば合格できることから、一見すると「運がよければ合格できるかもしれない」と思って受験する方が結構います。

しかし、運だけで簡単に合格できる試験ではありません。

一方、勉強の方法を間違えなければ、実務的な知識がまったくない方でも、一定期間の学習で確実に合格できる資格です。

本書は、この「間違えない」勉強の方法について、やや「非常識」な要素を踏まえて、取り扱うことにしました。

第1章では、これからチャレンジしようとしている宅地建物取引士という資格

とその活用方法、そして試験の概要について解説しています。
第2章では、試験の出題傾向を摑《つか》みます。
第3章以降では、試験の出題傾向を前提として、具体的な勉強の方法について説明をしています。

宅建士試験のほとんどの問題は、国会で制定された「法律」から出題されているため、普段使うことがない用語や難解な用語が数多く登場しますが、この点について、初学者でも理解できるように分かりやすく解説をしています。

最後までちょっと我慢して本書を読んでみてください。必ず宅建士試験に確実に合格するための「間違えない方法」を身につけることができます。

令和6年11月

筆者

宅建士試験　非常識合格法　《目次》

第1章　宅地建物取引士とその資格試験の概要

第2章

宅建士試験の特徴と出題傾向を分析する

第3章

宅建士試験はかくのごとく攻略すべし！

第4章

過去問による学習はかくのごとくすべし！

第5章 出題の傾向と対策はこう押さえるべし！

第6章

試験直前・前日・当日のちょっとしたアドバイス

装丁／遠藤陽一（デザインワークショップ・ジン）

第1章

宅地建物取引士とその資格試験の概要

1 宅地建物取引士のイメージ

合格への道

専門性の高い国家資格、その強みについて知っておこう

◎宅地建物取引「士」とは？ そもそも士業とは？

我が国には、本書でとりあげる「宅地建物取引士《たくちたてものとりひきし》」のほかに、「弁護士」「税理士」「司法書士」「公認会計士」「行政書士」「マンション管理士」「社会保険労務士」など、「士」という言葉がつく資格があります。これら「士業《しぎょう》」のほとんどは国家資格であり、法律に基づいてそれぞれの専門分野に従事する知識や能力があることを国が証明してくれるものです。

そして、それぞれの「士」の専門分野には、その資格を取得しなければ行うことができない「**独占業務**」があるのが一般的です。

それでは「宅地建物取引士」が独占して行うことができる業務とは、どのようなものなのでしょうか？

「宅地建物取引士」という名称から、「宅地建物取引士」の業務は、「宅地建物取引」に関するものであることが分かります。ここで、

「宅地」

とは建物を建てるための土地のことで、

「建物」

とは家やビルなどのことですね。そして、

「取引」

とは、売ったり、交換したり、売ったり・買ったりする人のお手伝い（一般に「仲介《ちゅうかい》」と呼ばれます）をすることなどです。

◎宅地建物取引「業者」と宅地建物取引「士」はちょっと違う

以上をまとめてみると、「宅地建物取引士」とは、

《宅地や建物を売ったり、交換したり、仲介などの業務を行う人》

ということになり、いわゆる「不動産会社」を経営するための資格であると想像できます。

しかし、それはちょっと違います！

「不動産会社」を始める場合には「宅地《たくち》建物《たてもの》取引《とりひき》業者《ぎょうしゃ》」として「免許」を受ける必要がありますが、この**「免許」を取得すること**と、「宅地建物取引士」の**「資格」を取得すること**は別の話です。

「宅地建物取引士」（以下「宅建士」と略することがあります）は、「宅地建物取引業者」の業務に従事し、「宅地建物取引」に際して一定の業務をする人であり、この業務が「宅建士」でなければ行うことができない独占業務なのです。そして、その「宅建士」の独占業務は、

①「重要事項」の説明
②「重要事項説明書」への記名
③「宅地建物取引業法 第37条に規定する書面」への記名

の3つです。ちょっと難しそうな業務内容ですね。こちらについては次項で説明します。

2

宅地建物取引士の「独占業務」とは？

合格への道
重要事項の説明は「独占業務」にして「義務」である！

前項で、「宅建士」の独占業務として3つを挙げました。

もう少し具体的に説明していきましょう。

◎独占業務その① 「重要事項」の説明

《「重要事項」の説明》とは、これから「宅地」や「建物」を購入しよう、借りようとしている人に対し、どのような物件か、どのような契約条件かという重要事項を説明することをいいます。交換により「宅地」や「建物」を取得しようとしている場合も同様です。

これは、契約する前に判断材料を提供して、トラブルが起きないようにする趣旨です。一般消費者にとって「宅地」や「建物」は高額であり、一生のうちに何度も取引するようなものではなく、物件や契約に関する知識も十分とはいえないからです。

そこで、宅建士試験に合格し、登録をして、**宅建士証**（宅建士であることの証明書。運転免許証みたいなもの）の交付を受けた「宅建士」が、あらかじめ所定の事項を記載された、宅建士の記名のある重要事項説明書を交付したうえで、宅建士証を提示して重要事項を説明することにしたのです。

ここで注意すべき点は、重要事項の説明義務は宅建士が業務に従事している宅建業者が負《お》うということです。

◎独占業務その②「重要事項説明書」への記名

前述したように、重要事項の説明においては、あらかじめ宅建士が記名した重要事項説明書を交付する必要があります。これは、「宅建士の○○が重要事項の説明をしました」という責任の所在を明らかにするという意味です。

◎独占業務その③「宅地建物取引業法 第37条書面」への記名

宅地建物取引業法とは、「宅建士」制度や「宅建業者」の免許や業務の規律について定めた法律のことです。この法律の第37条に規定されている内容なので、「宅地建物取引業法 第37条書面」と称します（以下では「**37条書面**」と略記します）。

「37条書面」は、契約成立後に遅滞《ちたい》なく交付義務のある書面です（なお、「37条書面」に対し、重要事項説明書を宅地建物取引業法第35条に規定されているため「35条書面」と呼ぶ場合があります）。「37条書面」は、契約内容を確認する意味で、契約当事者に交付する必要があります。記載事項について説明する必要はありませんが、宅建士がこれに記名する必要があります。「37条書面」の交付義務は宅建業者が負いますが、宅建業者は、宅建士をして「37条書面」に記名させなければなりません。「37条書面」の記載事項について宅建士が確認して、責任の所在を明らかにする趣旨です。

以上の業務の流れを確認しておきましょう。

（例）**宅建業者**Aに従事する**宅建士**Bが、自社A所有の**建物**Xを**顧客**Cさんに売却する場合。

①**（契約前）**　BがCさんに建物Xについての重要事項を説明し、記名する

↓

②**（売買契約）**　AとCさんが建物Xの売買契約をする

↓

③**（契約後）**　Aが「37条書面」を交付し、「37条書面」にBが記名する

3 宅建士資格の活かし方

合格への道

「即戦力」として期待され求められる人材に！

◎就職・転職に有利な資格

①宅建業者での即戦力としての宅建士資格

宅建業法において、宅建業者は事務所ごとに**業務に従事する者5名に1名以上の割合**で、専任（常勤）の宅建士を置かなければならないこととされています。

さらに、宅地建物を販売する際の**モデルルームにも1名以上の割合**で宅建士を置かなければならないため、宅建業者は、自己所有の物件を賃貸する場合を除いて、専任の宅建士がいなければ取引ができないことになります。

そのため宅建業者は、常に、専任の宅建士の数が法定数を満たすようにしなければならず、法定数に不足するようになったときは、新しく宅建士を採用するか、逆に会社の規模縮小などの対応を一定の期間内にしなければなりません。

以上から、宅建士の資格をもっている人は即戦力として、宅建業者への就職・転職において大きな武器となります。

②宅建士試験で学習した知識を活用した就職・転職

詳しくは後述しますが、宅建士試験における内容、すなわち出題の主要科目として、

「民法」

という法律があります。民法は、個人間で行う、

「契約」

などの取引に関する決まりなどを定めた法律ですが、「宅地建物」だけでなく、さまざまな物やサービスを対象にしたものであり、宅建業だけでなく、**金融・運輸・建設・小売業などのあらゆる業態において必要とされる知識**です。したがって、宅建業者以外の業態でも、民法という法律知識を取得した資格者として、採用において有利にはたらきます。

◎学生が宅建士資格を取得するメリット

また、学生の方であれば就職活動において履歴書に「宅建士試験合格」と書けますし、直接的に宅建業に該当しない不動産管理、建設、金融といった業種でも、入社後、宅建士の資格取

得を推奨する企業が多くあるため、学生時代に宅建士試験に合格することには大きなメリットがあります。

◎個人で宅建業を開業する

宅建業を開業するには、まず宅建業の免許を取得する必要があります。その免許取得の要件として、前述のとおり、宅建業者は事務所ごとに業務に従事する者5名に1名以上の割合で専任（常勤）の宅建士を置かなければなりませんが、個人で宅建業を開業するのであれば、自らが宅建士の資格を取得して専任の宅建士になればよいのです。

宅建業の免許を取得するに当たっては、

❶都道府県知事免許申請の手数料（オンライン申請を除き3万3000円）が必要となり、免許取得後に、

❷**営業保証金**（主《しゅ》たる事務所1000万円、従《じゅう》たる事務所1つにつき500万円）を供託《きょうたく》する、もしくは、

❸**弁済《べんさい》業務保証金分担金**（※）を宅地建物取引業保証協会（「保証協会」と略する）に納付することで「保証協会」の社員（メンバー）になる必要があります。

宅建士資格のむこうに他資格への広がりが見える

（※）経済的負担が小さいのは後者、つまり❷よりも❸で、事務所を1つ設置する場合であれば❸の弁済業務保証金分担金の額は60万円です。その他、入会金・年会費等、当面の運転資金等を考慮すると、最低でも200万～300万円は見ておく必要がありますが、❷の営業保証金の供託に比較すれば負担は軽くて済みます。

◎宅建士から拡がる活躍のフィールド

①「不動産系」資格の登竜門としての宅建士資格

宅建士の資格は、「不動産系」資格の登竜門ということができ、賃貸不動産経営管理士・マンション管理士・管理業務主任者、司法書士、不動産鑑定士の試験科目と民法を中心に一部が共通するため、宅建士の資格を取得した人がさらにステップアップとして、次の資格を目指すことが可能です。

さらに、金融（特に銀行、信用金庫）に従事する人に必須とされる「FP」（ファイナンシャルプランナー）とも共通する科目が多いため、宅建士試験の合格者は、「FP」取得に要する負担が大幅に軽減されます。「FP」は、独立して相談料という形で報酬を得ることも可能となります。

②「民法」を試験科目とする資格の登竜門としての宅建士資格

宅建士資格は「不動産系」資格の登竜門としての顔のほかに、他資格の登竜門としての顔も持ちます。

宅建士試験では「民法」という法律が出題科目であるというお話をしましたが、「民法」についで問われる国家試験の中で、比較的着手することが容易なのが宅建士試験です。

宅建士試験で、民法学習のコツを摑《つか》み、次のステップとして司法書士や行政書士にチャレンジする方々も相当いらっしゃいます。

4 宅建士試験の概要

合格への道

決戦は通常は毎年10月、4択マークシート方式で計50問が出題される

◎試験実施主体及び指定試験機関

試験は、実施主体である都道府県知事から委任を受けた形で、国土交通大臣指定の指定試験機関である「一般財団法人 不動産適正取引推進機構」が実施します。

◎試験の内容

次ページに示した7分野から出題されますが、(i)と(ii)については、国土交通大臣の登録を受けた者（「登録講習機関」といいます）が行う講習を修了し、その修了試験に合格した日から3年以内に行われる試験を受けようとする者（「登録講習修了者」といいます）は、5問が免除されます（試験問題の問46～問50を免除）。

なお、省令で定められている試験の出題内容は分かりづらいため、本書では4つの分野に分類することにします。

■宅建士試験の内容（及び本書の分類との対応）

（省令で定められている試験の出題内容＝7分野）（本書の分類＝4分類）

(i)土地の形質、地積、地目《ちもく》及《およ》び種別並《なら》びに建物の形質、構造及び種別に関すること。
→④「税その他」

(ii)土地及び建物についての権利及び権利の変動に関する法令に関すること。
→①「権利関係」

(iii)土地及び建物についての法令上の制限に関すること。
→③「法令上の制限」

(iv)宅地及び建物についての税に関する法令に関すること。
→④「税その他」

(v)宅地及び建物の需給に関する法令及び実務に関すること。
→④「税その他」

(vi)宅地及び建物の価格の評定に関すること。
→④「税その他」

(vii)宅地建物取引業法及び同法の関係法令に関すること。
→②「宅建業法」

◎出題数・出題形式・解答方法・試験時間・試験実施日・実施時間・試験地

・出題数……………50問
・出題形式…………4肢択一式
・解答方法…………マークシート方式（4つの選択肢のうち1つを塗りつぶす方式）
・試験時間…………50問2時間（ただし、5問免除の登録講習修了者は45問1時間50分）
・試験実施日………例年10月の第3日曜日
・実施時間…………例年午後1時～午後3時（登録講習修了者は午後1時10分～午後3時）
・試験地……………原則として、現住所のある都道府県で受験します。

◎受験資格

年齢、性別、学歴等の制約はなく、誰でも受験することができます。

◎試験の申込時期・受験手数料

・申込時期…………インターネットによる申込みは例年7月上旬から下旬まで受け付け、郵送による申込みは例年7月上旬から7月中旬まで受け付け。
・受験手数料……8200円（令和6年度の例）

5

宅建士試験の評価方式と合格率

合格への道

合格基準点と合格率のしくみを知っておこう

◎「合格率」に基づく「相対評価」方式

本章の最後に、宅建士試験に合格するためには**どれくらいの得点が必要なのか**を確認しておきましょう。

左ページに、2023（令和5）年度から遡《さかのぼ》って10回分（8年分）の合格率と合格基準点をまとめてみました。

ここで合格基準点に着目してみると、わりと大きな変動があることが分かります。高い年は38点なのに対し、低い年は34点と、実に4点もの開きがあります。

国家資格の合格者の決め方として、例えば自動車の運転免許のように、合格基準点を（変動しないように）定めて、その得点を獲得した人を全員合格させるものがあります。これは「**絶対評価**」の方式です。宅建士試験は、この方式ではないことが分かります。

■合格率と合格基準点の過去10回の推移

実施年度		合格率	合格基準点（50問中）
2023（令和5）年度		17.2%	36点
2022（令和4）年度		17.0%	36点
2021（令和3）年度※	（12月試験）	15.6%	34点
	（10月試験）	17.9%	34点
2020（令和2）年度※	（12月試験）	13.1%	36点
	（10月試験）	17.6%	38点
2019（令和元）年度		17.0%	35点
2018（平成30）年度		15.6%	37点
2017（平成29）年度		15.6%	35点
2016（平成28）年度		15.4%	35点

※新型コロナウィルスの影響により年2回実施されました

合格率がその年々《としどし》で上下することにもなる絶対評価方式に対し、合格率を一定の幅《はば》の割合に設定して、その割合の人を合格させる「**相対評価**」の方式をとる国家資格もあります。

宅建士試験はこの相対評価方式を採用しており、そのため、過去10回の合格率を見ると**15～17%台**という**安定した割合で推移**しています。

◎難易度で「合格基準点」が上下する

以上から、試験問題が全体的に「難しい」年は全体的に正解数が下がるため合格基準点は下がり、逆に、試験問題が全体的に「やさしい」年は全体的に正解数が上がるため合格基準点は上がることになります。

column

宅建業者と取引士の数

国土交通省と都道府県で運営している「宅地建物取引業免許事務等処理システム」（宅建システム）によると、令和５年度末の**宅建業者**の数は**13 万 583 業者**で、ここ数年、増加傾向にあります。

一方、令和５年度末における**宅建業者に従事する者**の数は**61 万 5,240 人**で、宅建業者の増加とともに、やはり増加傾向にあります。

次に、**宅建業者で主に業務に従事する専任の取引士数**は**23 万 114 人**であり、こちらも増加傾向にあります。

このように、宅建取引士の活躍するフィールドは、ますます増加・拡大しているということが分かります。

第2章

宅建士試験の特徴と出題傾向を分析する

1 出題分野と出題数

合格への道

まずは、どの科目がどのように出題されるかを知ってから

次に各出題分野とその出題数を確認してみましょう。

■各出題分野とその出題数

科目……出題数

①【権利関係】……14問

（民法・借地借家法・区分所有法・不動産登記法）

②【宅建業法】……20問

（宅建業法・住宅瑕疵《かし》担保履行法）

③【法令上の制限】……8問

（都市計画法・建築基準法・国土利用計画法・農地法・盛土規制法・土地区画整理法）

④【税その他】……8問

（税法・地価公示法・不動産鑑定評価基準・住宅金融支援機構・景品表示法・統計・土地・建物）

以下では、出題分野ごとに、その特徴を具体的に見ていくことにしましょう。

2 分野と出題傾向①【権利関係】

合格への道

「総論」すなわち全体のフレームと基本概念を知る

■権利関係（全14問）

権利関係からは、民法（10問）を中心に、借地借家法（2問）・区分所有法（1問）・不動産登記法（1問）の4つの法律から出題されます。

民法では、個人間の約束ごと（契約が典型例）を中心に権利や義務について定めています。

宅建士試験でよく出題されるような、売買契約の事例に沿って見てみましょう。

(a) 民法の「制限行為能力」

〈事例1〉

宅建業者Aは、Bさんから「駅から徒歩10分圏内のワンルームマンションを探しているので、良い物件があったら紹介して欲しい」と依頼され、後日、Bさんの希望に合いそうな物件が売りに出されたのでさっそくBさんに連絡し、交渉に入りました。

Bさんは、「希望に合う物件なので、すぐに契約したい」といって、契約を結びました。

この契約の成立により、Bさんは、契約で定めた期限にワンルームマンションを引き渡すように請求できる権利（債権）を取得します。

一方、宅建業者Aは、契約で定めた期限にワンルームマンションを引き渡す義務（債務）を負います。

ところが、後日、代金の支払時期になってもBさんが支払おうとしないので、不審に思った宅建業者Aは、よくよく調べてみると、Bさんが未成年者（18歳未満）であることが判明しました。

この場合、契約の効力はどうなるでしょうか。

この〈事例1〉は「制限行為能力」の典型例です。結論からいえば、Bさんは、契約を取り消すことができます。つまり、**契約をなかったことにすることができる**のです。

なぜ、自分から契約したいと申し込んだのに、取り消すことができるのでしょうか。

それは、未成年である間は親などの庇護《ひご》の下《もと》にあり、法律上、親などの法定代理人の同意を得なければ、単独で契約できないことになっているからです。ただし、未成年者が締結した契約であっても、取り消されるまでは一応有効とされています。未成年者の利益になれば、そのまま契約を有効としておいてもよいというわけです。例えば、親が代金を支払ったりすると「追認」したことになり、以後、取り消すことができなくなります。

(b) 民法の「意思表示」

〈事例2〉

事例1において、Bさんが成年者であり、契約した物件が数年後に都市再開発により取壊し予定であったにもかかわらず、宅建業者Aが「近々商業施設が建設され、益々《ますます》便利になりますよ」と欺《だま》して契約した場合はどうでしょうか。

この〈事例2〉は「意思表示」の問題です。この場合、Bさんが欺されて契約を締結したのであれば、Bさんは詐欺を理由に**契約を取り消すことができます**。

(c) 民法の「債務不履行・不法行為」

〈事例3〉

事例2において、都市再開発により取壊し予定であったことを告げずに契約を締結し、Bさんに**損害**を与えたときは、どのような**問題**が**発生**するでしょうか。

この〈事例3〉では、売買の目的物が契約の内容に適合しない問題（契約不適合責任）と宅建業者Aが**故意**（わざと）**又は過失**（あやまち、落ち度がある）**によって**Bさんの法律上保護される利益を侵害した問題（不法行為責任）が生じます。とても難しい問題ですが、Bさんは**どちらの責任を追及してもよい**というのが一般的な考え方です。

(d) 民法の「時効」

〈事例4〉

事例3において、Bさんが宅建業者Aに損害賠償を請求をせずに放置していたらどうなるでしょうか。

Bさんには、損害賠償請求をする権利があるので、いつまでも権利行使できるとも考えられますが、実は、一定期間権利を行使しないで放置していると、権利行使ができなくなってしまいます。この〈事例4〉が時効の問題です。

このように、売買契約ひとつを取り上げてみても、さまざまな問題が生じ得るのです。そして、このような個人間の権利義務関係について定めているのが「民法」という法律です。そのため、民法は暗記だけでなく、問題文の事例を読み、どのような問題がひそんでいるのか、それに対して民法はどのように定めているのかといった、**条文知識を当てはめる力**（応用力）も必要となります。

(e) 借地借家法

借地借家法は、民法で定めている、物の貸し借りに関する契約である「賃貸借」一般について、借主の保護を図るための規定を多く置いています。その意味で、**借地借家法は民法の特別法**といわれます。

一例を挙げますと、民法では、期間を定めないで建物賃貸借契約を締結した場合、賃貸人も賃借人も、いつでも解約の申入れができます。そして、解約の申入れがあったときは、解約の申入れの日から「3ヵ月後」に賃貸借は終了すると規定しています。

これに対し、借地借家法では、期間を定めないで建物賃貸借契約を締結した場合、賃貸人が解約の申入れをしようとする場合、**正当事由が必要**となり、正当事由のある解約申入れがあった場合、解約の申入れの日から「6ヵ月後」に建物賃貸借は終了することを規定しています。

ただし、賃貸人が正当事由のある解約申入れをした場合でも、賃借人が使用を継続し、賃貸人が遅滞なく異議を述べなかったときは契約が更新されたことになります。

一方、賃借人が解約の申入れをするときは、**正当事由は不要**であり、民法と同様に、解約の申入れの日から「3ヵ月後」に建物賃貸借は終了します。

■民法の「賃貸借」と借地借家法の「建物賃貸借」との違い

民法（一般法）

■期間を定めないで建物賃貸借契約を締結した場合、賃貸人も賃借人も、いつでも解約の申入れができる。

■解約の申入れがあったときは、解約の申入れの日から「3ヵ月後」に賃貸借は終了する。

借地借家法（特別法）

■期間を定めないで建物賃貸借契約を締結した場合、賃貸人が解約の申入れをしようとするときは正当事由が必要となり、解約申入れがあった場合には、解約の申入れの日から「6ヵ月後」に建物賃貸借は終了する。

■賃借人が解約の申入れをするときは、正当事由は不要であり、民法と同様に、解約の申入れの日から「3ヵ月後」に建物賃貸借は終了する。

■区分所有建物と集会

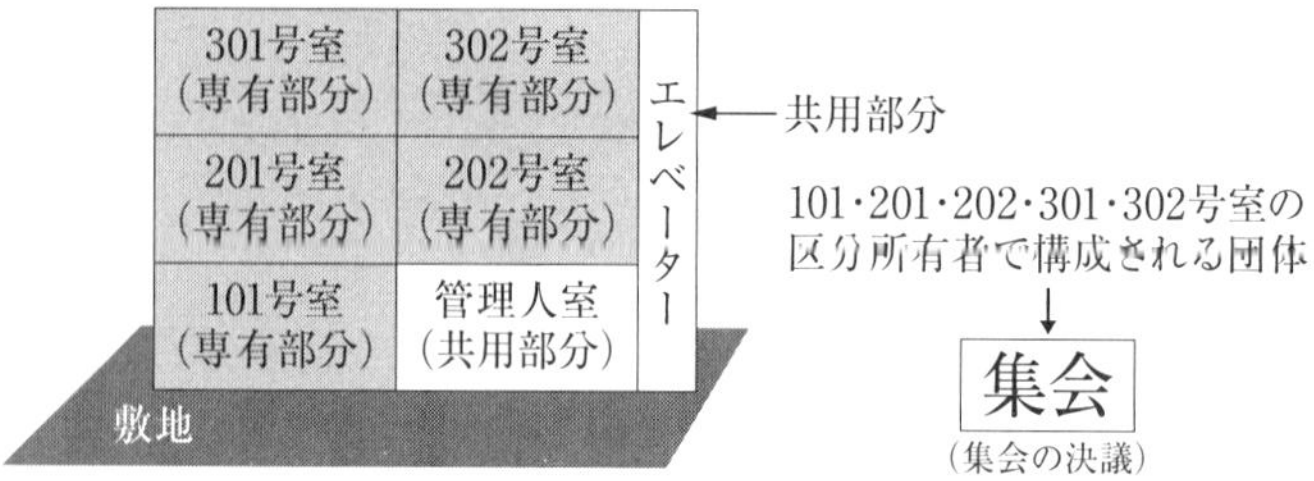

（f）区分所有法

区分所有法は、一棟の建物が区分され、それぞれが独立した住居・店舗・事務所・倉庫その他建物（これらを「専有部分」といいます）として所有権の目的となる場合、その一棟の建物（区分所有建物）についての特別のルールを定めています。

分譲マンションが区分所有建物の典型例です。

区分所有建物は、専有部分（マンションであれば各住戸）と共用部分（共用階段やエレベーターなど）に分けられますが、専有部分は、戸建住宅と同様に単独の所有権（区分所有権）の対象となりますが、共有とすることもできます。また、区分所有権を有する者を「**区分所有者**」といいます。

共用部分は、原則としてすべての区分所有者の共有となります。

区分所有法からは、「**集会**」からの出題が多いのが特徴です。「集会」とは、区分所有者で構成される団体の意思決定機関のことであり、重要な事柄をはじめ建物・敷地の管理に関する事柄についても「集会の決議」によって定めることができます。なお、分譲マンションでは、「集会」を「総会」と称する場合が多いようです。

(g) 不動産登記法

不動産登記法は、不動産（土地・建物）の登記について定めた法律です。

例えば、スマートフォンなどの動産《どうさん》（不動産以外の物を「動産」といいます）なら、それを占有している（持っている）人が所有者であることがほとんどですが、不動産の場合、所有者が誰であるかは現物を見ても分かりません。そこで不動産については、**登記をすることによって所有者が誰であるかが分かるように**してあるのです。

また、不動産に対する権利は、所有権のみではありません。地上権、永小作権、地役権《ちえき》、先取特権、質権、抵当権、賃借権などさまざまな権利があります。これらの権利も登記をすることによって、その権利の存在が分かるようにしているのです。

不動産登記には、《「表示」に関する登記》と《「権利」に関する登記》があります。「表示」に関する登記とは、土地については地番・地目《ちもく》・地積など、建物については家屋番号・建物の種類・構造・床面積など、不動産の物理的状況に関する登記をいいます。一方「権利」に関する登記とは、権利の設定・保存・移転・変更・消滅などについての登記をいいます。

宅建士試験では、表示に関する登記、権利に関する登記のどちらも出題されます。

3 分野と出題傾向②【宅建業法】

合格への道

「総論」としての民法から「各論」としての宅建業法へ

「宅建業法」は全20問です。トータル50問のうちの20問ですから、全体の4割を占める計算になります。

宅建業法は、正式には「宅地建物取引業法」といい、「購入者等の利益の保護と宅地及び建物の流通の円滑化とを図る」という目的のために、宅建業の免許制度や業務上の規制、宅建士制度などについて定めた法律です。条文の構成は以下のとおりです。

- 「宅建業の免許」に関する規定
- 「宅建士」に関する規定
- 「重要事項の説明義務や37条書面の交付義務」といった業務に関する規定
- 営業保証金（宅地建物取引に伴う一般消費者の損害を救済する制度）に関する規定

・宅地建物取引業保証協会（宅建業者を手助けする組織）に関する規定
・監督・罰則に関する規定

宅建業法は**ほぼ暗記科目**であり、**範囲が狭いので繰り返し同じような問題が出題**されますが、一見すると正しいような内容に思えるものでも、ひっかけ問題（トラップが仕掛けられた問題）が多いのが特徴です。また、

個数問題（「正しいもの［誤っているもの］はいくつあるか」といった形式の問題）
組合せ問題（「正しいもの［誤っているもの］の組合せはどれか」といった形式の問題）

が多いのが特徴です。

なお、宅建業法関係の法律として「住宅瑕疵《かし》担保《たんぽ》履行《りこう》法」から1問出題されます。「住宅瑕疵担保履行法」（正式には、「特定住宅瑕疵担保責任の履行の確保等に関する法律」といいます）は、新築住宅について一定の「瑕疵《かし》」（問題点やマイナス点のこと）があった場合に、売主の責任が履行されるよう売主の資力確保措置義務を定めることによって、買主の利益保護を図る法律です。「住宅瑕疵担保履行法」は、宅建業法以上に同じような問題が繰り返し出題されているのが特徴といえるでしょう。

4

分野と出題傾向③【法令上の制限】

合格への道

宅建業に隣接・関連する、6つの法律の「しばり」を知る

「法令上の制限」は全8問です。「法令上の制限」とは、宅地や建物などの利用の仕方についての制限をする法律の集まりのことです。具体的には、

- 都市計画法（2問）
- 建築基準法（2問）
- 国土利用計画法（1問）
- 農地法（1問）
- 盛土規制法（1問）
- 土地区画整理法（1問）

などがそうで、これらから右の括弧内で示した問題数が出題されるのが一般的です。

なお、数年に一度、国土利用計画法が、その他の法令の選択肢の1つとして出題される場合があります。

以下では、上記の法律の概要を分かりやすく説明します。

（a）都市計画法

都市計画法は、いいかえると「街づくりの法律」といえるでしょう。

まず、住みよい街づくりをするために、都道府県や国土交通大臣が計画的な街づくりを行う**都市計画区域**を指定します。

次に、都市計画として、都市計画区域の整備、開発及び保全の方針（都市計画区域のマスタープラン）を定めます。このマスタープランに従って、具体的な都市計画が定められます。具体的には、都市計画区域をさらに市街化を促進する「**市街化区域**」と、市街化を抑制する「**市街化調整区域**」に区域区分（「線引《せんびき》」ともいいます）したり、市街化区域に「用途地域」を定めたりします。

用途地域というのは、簡単にいうと、「住宅地域」「商業地域」「工業地域」などに土地の用途をグループ分けすることをいい、計画的に地域を細分化していきます。「住宅地域」「商業地域」「工業地域」が混在することになると、住みよい街づくりにはほど遠い、ということになるからです。そして、道路、公園、水道、学校、図書館などの教育文化施設、病院、保育所などの社会福祉施設といった「都市施設」も定めていきます。

出題分野としての「都市計画法」からは、前記の都市計画の内容から1問、あとの1問は、建物を建築する前の土地の造成工事の段階で、都市計画に沿った建物を建築する予定かどうかをチェックする「開発許可制度」から1問というのが例年の出題傾向です。どちらも範囲は広いですが、**過去に出題された問題と類似する問題が出題されることが多い**というのが特徴です。

(b) 建築基準法

建築基準法は、最も身近な例でいえば、家を建てるときに建築確認が必要かどうかなど、建築物や敷地、構造、設備、用途などについて最低限の基準を定めて、国民の生命、健康、財産の保護を図るための法律です。建築基準法は、

①総則規定
②集団規定
③単体規定

などに分類されます。このうち②集団規定とは、建物が集団として建つ場合の規制を規定したものであり、③単体規定とは、1つひとつの建物を建築する際の規制について規定したものです。また、①総則規定は、用語の定義、建築基準法の適用が除外される建築物、建築確認の申請、違反建築物に対する措置などについて定めた規定です。

②集団規定は、「都市計画区域」及び、これから都市計画区域になりそうな「準都市計画区

域内」に限り適用される規定であり、敷地等と道路との関係、道路規制、用途規制、容積率や建蔽率《けんぺいりつ》に関する規制、建築物の高さ制限、防火地域・準防火地域内の建築制限などについて定めています。

③単体規定は、区域を問わず全国で適用される規定であり、建築物の安全面から構造・強度防火などに関する基準を設けたり、衛生面から換気や採光に関する基準を設けています。

このほか、集団規定や単体規定とは性格が異なる規定として、

④建築協定

があります。④建築協定は、土地所有者等が、地域に相応《ふさわ》しい建築物の敷地、位置、構造、用途、形態、意匠又は建築設備に関する取り決めをする一種の契約です。ただし、公的認可を受ける必要があります。

出題分野としての「建築基準法」からは、②集団規定からの出題が最も多く、次いで①総則規定と③単体規定です。ただし、建築基準法の問題は、選択肢ごとに関連のない規定について出題されることが多いため、おおよその目安として捉える必要があります。

(c) 国土利用計画法

国土利用計画法は、土地の投機的取引や地価の高騰を防止するため「土地取引の規制に関する措置」を定めた法律です。土地取引の規制としては、「許可制」「事前届出制」「事後届出制」の3つがありますが、最も厳しい規制である「許可制」の対象となる「規制区域」は、国土利用計画法が施行されて以来指定されたことはなく、「事前届出制」がとられる区域も皆無に近いため、宅建士試験の出題も、**そのほとんどが事後届出からの出題**です。

出題分野としての「国土利用計画法」の出題数は1問ですが、上記のように**出題範囲が狭いため得点しやすい**科目です。

(d) 農地法

農地法は、

- 農地法3条に規定する許可(農地、採草放牧地の現況取引)
- 農地法4条に規定する許可(農地の自己転用)
- 農地法5条に規定する許可(農地、採草放牧地の転用目的の取引)

に関する出題がほとんどです。

3条許可は「農業委員会」、4条許可・5条許可は「都道府県知事等」が許可権者です。

「都道府県知事等」というのは、農林水産大臣が指定する市町村（「指定市町村」といいます）の区域内では、「指定市町村の長」が許可権者となるため、「都道府県知事等」とは、「都道府県知事」と「指定市町村の長」を意味します。なお、「指定市町村」は農地法では、一般の市町村とは異なり、都道府県と同じ扱いになります。

出題分野としての「農地法」も出題数は1問ですが、上記のように**範囲が狭く得点しやすい**科目です。

(e) 盛土規制法

盛土規制法（正式には「宅地造成及び特定盛土等規制法」といいます）は、宅地造成等に伴う崖崩《がけくず》れや土砂の流出による災害の防止のため必要な規制を行うことにより、国民の生命・財産の保護を図るための法律です。

盛土規制法からは、宅地造成等工事規制区域内で行われる宅地造成等工事についての許可、届出、土地の保全等に関する出題がほとんどです。

造成宅地防災区域についても**数年に一度**出題されます。造成宅地防災区域とは、「宅地造成等工事が施行された宅地」で、宅地造成に伴う災害により相当数の居住者等に危害が生ずるおそれの大きい一団《いちだん》の宅地に指定されます。

造成宅地防災区域は、すでに宅地造成等工事が施行された宅地であるため、宅地造成等工事規制区域には指定することができません。造成宅地防災区域内の規制は、宅地造成等工事規制区域内の土地の保全等に関する内容とほぼ同じです。

出題分野としての「盛土規制法」も出題数は1問ですが、**範囲が狭く比較的に得点しやすい**科目です。

(f) 土地区画整理法

土地区画整理法は、不整形な街並みを区画整理して、道路・公園などの公共施設の整備・改善、宅地利用の増進を図ることにより、住みよい街づくりをするための法律です。

土地区画整理は土地区画整理事業によって行われますが、その流れは、不整形な街並みを区画整理し、区画整理した後の宅地に移し替えるというものです(区画整理前の宅地を「従前《じゅうぜん》の宅地」、区画整理後の宅地を「換地《かんち》」といいます)。

最終的には「従前の宅地」に関する権利を「換地」に移行させるわけですが(このことを「換地処分」といいます)、土地区画整理事業が完了するまで長い時間を要するため、通常、「仮換《かりかん》地《ち》」が指定され、従前の宅地の権利者は仮換地を使用収益することができるようになります(従前の宅地の使用収益はできませんが、従前の宅地についての処分権は保持したままです)。そして、土地区画整理事業が完了し、「換地処分」の公告がなされると、「従前の宅地」に関する権利は完全に「換地」に移行します。

出題分野としての「土地区画整理法」からは、施行者（特に土地区画整理組合）、仮換地、換地処分、建築行為等の制限に関する問題が多く出題されています。

ただし、土地区画整理事業の仕組みはとても難解で細かい規定も多いため、配点（1点）を考えると、**法令上の制限の科目中では「時間対効果」が低い**といえるでしょう。

(g) その他の法令

上記の法令以外の「その他の法令」は、平均すると**数年に一度**出題されます。

これまで出題された法令に、地すべり等防止法、土壌汚染対策法、河川法、森林法、海岸法、都市緑地法、津波防災地域づくりに関する法律、景観法、道路法、重要土地等調査法などがあります。

「その他の法令」は、誰の許可が必要か（許可権者）、誰に届け出なければならないか（届出先）に関する出題がほとんどです。「その他の法令」は数年に一度の出題ですから、過去出題された本試験問題（以下「過去問」といいます）を参照しておけば足ります。

5

分野と出題傾向④【税その他】

合格への道

得点源と、そうでないところを知っておこう

「税その他」は全8問。ここでは、

- 税法（2問）
- 地価公示法・不動産鑑定評価基準（どちらか1問）
- 住宅金融支援機構（1問）
- 不当景品類及び不当表示防止法（不動産の表示に関する公正競争規約を含む。1問）
- 統計（1問）
- 土地・建物（各1問）

が出題されます。それぞれ個別に見ていきましょう。

(a) 税法

「税法」の分野からは、

・**地方税**（不動産取得税・固定資産税）から1問

・**国税**（所得税・印紙税・登録免許税・贈与税・相続税）から1問

計2問が出題されます。

国税よりも地方税のほうが範囲が狭く、比較的に得点しやすいといえるでしょう。

(b) 地価公示法・不動産鑑定評価基準

「地価公示法・不動産鑑定評価基準」の分野からは、年によって**どちらか一方が出題**されますが、対策のしやすさ（得点のしやすさ）という点からすれば断然、地価公示法です。「地価公示法」は条文が29条しかなく、**出題される部分が限られているため得点しやすい**科目といえます。

これに対して、「不動産鑑定評価基準」は用語が抽象的かつ難解で、範囲も広いため、**過去問題に絞った学習**が必要になります。不動産鑑定評価基準で出題が多いのが、不動産の価格を求める鑑定評価の基本的な手法である「原価法」「取引事例比較法」「収益還元法」の内容と、各手法の適用が有効かどうかについてです。

(c) 住宅金融支援機構

「住宅金融支援機構」の分野からは、業務についての出題がほとんどです。

住宅金融支援機構(以下「機構」といいます)の主な業務は、**証券化支援業務、住宅融資保険等業務、融資業務**などです。

証券化支援業務は、民間の金融機関による住宅ローン債権を譲り受ける(買い取る)ことによって、その債権を担保に証券を発行(証券化)し、投資家から資金を調達して住宅ローン債権の譲受け(買取り)のための資金に充てる一連の業務をいいます(**買取型**)。民間の金融機関は、機構が住宅ローン債権を買い取ってくれるので、安心して一般消費者に長期・固定金利の住宅ローンが提供できるわけです。

なお、証券化支援業務には「**保証型**」もあります。これは、民間金融機関の長期固定金利の住宅ローンに対して機構が住宅融資保険(保証型用)を付したうえで、それを担保として金融機関が発行した債券等に係る債務の支払いについて、機構が投資家に対し期日どおりの元利払いを保証するものです。

住宅融資保険等業務は、住宅融資保険法に基づく保険であり、機構と民間金融機関との間で保険契約を結び、住宅ローンが不測の事態により返済不能となった場合に機構が金融機関に保険金を支払う業務です。

融資業務は、民間金融機関による融通が困難な分野について、機構が直接一般消費者に融資する業務です。

「住宅金融支援機構」についての出題は、住宅金融支援機構法からの出題だけでなく、実務的な難問が出題されることも少なくありません。**対策が難しい科目**といえるでしょう。

(d) 不当景品類及び不当表示防止法(不動産の表示に関する公正競争規約を含む)

「不当景品類及び不当表示防止法(不動産の表示に関する公正競争規約を含む)」の分野からは、不動産の表示に関する公正競争規約(以下「表示規約」といいます)からの出題がほとんどです。

表示規約は、不当景品類及び不当表示防止法(「景品表示法」あるいは「景表法」と略称されます)に基づき、内閣総理大臣及び公正取引委員会の認定を受けて不動産業界が定めた自主規制ルールです。禁止される表示について具体的に定められています。

不当景品類及び不当表示防止法は、業種を問わず、一般消費者の利益保護のために過大な景品類の提供や不当な表示を規制する法律です。

違反事業者に対しては、違反行為の差止めや再発防止のための措置を講ずることを命ずることができます(この命令を「措置命令」といいます)。

なお、この措置命令は、内閣総理大臣から権限の委任を受けた消費者庁長官が行うことができます。その場合、不当な景品類の提供又は表示がされた場所又は地域を管轄する都道府県知事も措置命令を行うことができます。

(e) 統計

「統計」の分野では、

- 建築着工統計（毎年1月末公表）
- 地価公示（毎年3月公表）
- 法人企業統計（毎年9月公表）による不動産業の売上高・経常利益
- 国土交通白書（毎年6月～7月公表）

などから出題されます。細かな数字ではなく、前年比の増減、上昇・下落などが訊かれます。

「統計」については、**最新の統計をチェックしておく必要**があります（夏以降には、受験指導校などから宅建士試験対策として統計情報が出されるので注意しましょう）。

(f) 土地・建物

「土地・建物」の分野からは、「土地」「建物」で各1問が出題されます。

「土地」の問題では、主に住宅地に適するかどうかという視点から、安全な土地・災害の危険がある土地の形質等について訊かれます。同じような問題が繰り返し出題されており、**常識で解ける問題がほとんど**ですから、過去問に目を通しておけば足ります。

「建物」の問題では、例えば木造の特徴、鉄筋コンクリート造・鉄骨造などの特徴などについて訊かれます（まれに、すでに説明した建築基準法の単体規定から出題される場合があります）。

「土地」の問題は比較的に得点しやすいといえますが、「建物」の問題は、単体規定がらみの問題が出題された場合にはそう簡単ではありません。

column

宅建士試験の問題作成の基準日

宅建士試験は、試験実施年の４月１日に「施行」されている法令等を基準に作成されます。この「施行」とは、法令等が実際に運用されることです。これに似た用語として「公布」があります。この「公布」とは、国会などで制定した法令等を国民に周知させるために知らせることを意味します。

宅建士試験は例年４月１日に施行されている法令等を基準に作成されるので、４月２日以降に施行された法令等は出題されないのですが、**これには例外があります**。

それは、**「統計」**です。例えば、令和４年度試験では次のような「統計」問題が出題されています。

「令和４年版 土地白書（令和４年６月公表）によれば、
令和３年の全国の土地取引件数は約 133 万件となり、
土地取引件数の対前年度比は令和元年以降減少が続いている。」
（ちなみにこの選択肢は誤りです）

出題のネタ元の土地白書は６月公表なので、４月１日時点での内容ではないことになります。そのため、夏以降に受験指導校などから統計情報を確認することになるわけです。

第3章

宅建士試験は
かくのごとく攻略すべし！

1 ゴールまでの道のりと目安

合格への道

どれくらいの学習期間で合格できるのか

◎千里の道も一歩から

これから宅建士試験を受けようとする多くの人が、「どれくらいの期間（何ヵ月）勉強すれば合格できるのだろう？」と思われるのではないでしょうか。

合格される方のタイプはさまざまです。

①コツコツと勉強を続けるタイプ
②直前に猛然と追い込むタイプ
③最初は意気込みながら勉強するものの、途中で飽きて直前にペースを上げるタイプ

……など。

どのようなタイプでも合格することは可能ですが、合格するために必要な一定の知識を身に

つけて、アウトプットができるようになるための一定の時間は必要です。

合格者のアンケートをとってみると、通常合格するためには、テキスト（講義を受講）の読了後に、**過去問を最低3回は解答する**ことが最低限必要であるとする人が多く、これを学習時間に置き換えると、①のタイプで無理なく合格しようと思えば、

毎日2時間の勉強で6ヵ月の準備期間

が目安になると思われます（1日2時間×7日×4週間×6ヵ月＝336時間）。

なぜ、6ヵ月の準備期間かといいますと、毎日2時間以上の時間を確保することも、6ヵ月以上モチベーションを維持することも、多くの人にとって困難であると思われるからです。

もちろん休日にまとめて勉強することも可能ですが、記憶の定着という意味では、一度にまとめて勉強するよりも、時間をかけて少しずつ消化していくほうが効率がいいのです。

2

学習スタイルの選択①【通信講座】

合格への道

合格までの最短コースを着実に進めるメリット

宅建士に限らず多くの資格試験に共通していますが、受験日までの学習スタイルには大きく分けて以下の2つがあります。

Ⅰ「受験指導校」を利用する（通信講座パターン）

Ⅱ「独学」を行う（独学パターン）

以下、それぞれのメリットを見ていきましょう。

◎受験指導校を利用するメリット

受験指導校を利用するメリットは、合格するための最短コースを進めるということです。

受験指導校のカリキュラムに従って、講師の講義を聴き、テキスト読んで過去問を解く、あるいは答案練習をする……といったことを繰り返しやっていくことによって、確実に合格へ近づくことができます。

現在は**動画や音声を使用する通信講座が主流**であり、教室で生講義を聴くというスタイルは少なくなっています。通信講座は、テキストや過去問題集、課題などが送付され、勉強方法や講義を収録したＤＶＤを視聴する、あるいは専用の動画サイトにアクセスして講義を視聴し、課題を提出するというスタイルです。ＤＶＤはパソコンやテレビで視聴するため、場所は限定されますが、専用の動画サイトにアクセスして講義を聴くのであれば、どこにいてもスマートフォンで視聴できるというメリットがあります。

受験指導校を利用する場合、一般に「基本講座」のほかに「再チャレンジコース」や「答案練習中心の講座」など複数のコースを設置している場合が多いのですが、あと数点のところで不合格になったというような人でない限り、**基本講座に答案練習などが含まれているものを選択するのがよい**でしょう。費用はかかりますが、講義を聴いただけで合格できるわけではないので、結果的には、基本講座に答案練習などが含まれているものがコストパフォーマンスがよいといえます。

受験指導校を利用する場合、講座を生かすも殺すも自分次第です。ただ受講しているだけで合格が舞い込んでくるということはありませんので、受け身にならないように、元を取るつもりでとことん利用すべきです。

◎受験指導校の選択の決め手

①どんな手法を用いて、試験合格に導こうとしているのか

まずは、受験指導校ごとにパンフレットが製作されていますので、これを取り寄せてみましょう。パンフレットには、各校ごとに試験合格までのコースが設定され、どのような手法を用いて合格をさせようとしているのかについてアピールポイントが書かれています。

その際に、まず目をつけなければいけないのは、講義と答案練習とのバランスです。

宅建士試験に合格するために講義内容はもちろん大事なのですが、内容を理解するだけでは到底合格できるものではありません。講義で獲得した情報がどのように試験問題に反映されるのかを確認することがより大事なのです。

例えば、「講義時間数がやたらに多いわりには、答案練習が各科目1回程度しか設定されていない」ような偏ったカリキュラムとなっている受験予備校の選択は止めたほうが無難でしょう。

また、「講師」「テキスト」「答案練習」の3つのバランスを見るのも大事です。

例えば、「講師」を前面に押し出して、「テキスト」や「答案練習」の内容説明がほとんど無

いもの、逆に「テキスト」のサンプルは前面に押し出しているが、「講師」紹介が氏名程度のような見せ方をしている場合は要注意です。

宅建士試験に合格させるということは、「講師」「テキスト」「答案練習」がいわば三位一体《さんみいったい》となっていて、それぞれを関連づけながら一貫的な指導ができなければ、受講生は混乱してしまいます。その関連づけが明確にされていない受験予備校の選択は、止めておいたほうが無難です。

②使用する教材（テキストや答案練習で使用する問題）

次は、使用する教材について、やや詳細に説明します。

「講師」だけを前面に出している受験指導校に多いのですが、書店で販売されているテキストや他の受験指導校の教材をそのまま用いて、講義をするというケースがあります。

先ほど述べたように、受験指導校は「講師」「テキスト」「答案練習」の一貫性が求められますので、市販のテキスト等を用いるということは、そもそも受験指導校の体《てい》をなしているとは思えません。

このような場合は、なぜ市販のテキストを使用するのかについて、受験指導校に質問をして、納得のいく回答を得るようにしましょう。

③講師の質

講師の質についても、よく見極める必要があります。

受験指導校の中には、合格して、すぐに講師として紹介されている場合があります。たしかに、近々の試験に合格した実力を有しているのですから、知識量はある人であることは間違いありません。しかし、たとえ知識量があったからといって講義がうまい人であるとは、当然のことながら必ずしもいうことはできません。

受験指導校の講師は、定められた時間の中で必要な情報を余すことなく、受講生に伝えられなければなりません。

このノウハウは、一朝一夕どころか、たとえ1～2年、講師をしたからといって身につくものではありません。

通常は、講師として登場可能になるまでに、試験内容の分析、予想問題の作成、テキスト等の内容校正、受講生からの質問対応など、多岐にわたる経験を要します。チューターとしての受験アドバイスなども必要です。それらを経て、ようやく講師としての「下地」ができあがります。最初はメイン講師の補助役として少しずつ経験値を上げ、一部の科目の分担を経て、数年後にようやく一人前の講師として全科目を担当するようになる……と、こういった流れになっています。

もちろん、合格して即講師になる人がすべて不適任というわけではありませんが、このような合格したての講師を起用する受験指導校の場合には、講師の模擬講義など、必ず事前確認をするようにしましょう。

④講師との相性

宅建士試験に合格するまで、長く付き合うことになる講師との相性も非常に重要です。

相性が合う・合わないは、人により異なります。どんなに講義がうまい講師でも、あなたとの相性が必ずしも合うとはいえません。したがって、どんな講師が実際に講義をするのかを必ず確認しなければなりません。

男性なのか、女性なのか？　年齢は？

言葉の使い方は？（例えば、早くしゃべるか、ゆっくりしゃべるか）

ガイダンスやネットなどで納得がいくまで確認をするのがよいでしょう。

3

学習スタイルの選択②【独学】

合格への道

自分のペースで進められるメリット

◎まずはテキスト選びから

宅建士試験のテキストは、資格関係の本が置いてある書店なら、おおよそ手にすることができます。思い立ったときに書店でテキストを購入し、その日からすぐに勉強を始められるという手軽さがあります。その場合のテキスト選びで注意すべきことは、取っつきやすい、ビジュアル的だ、カラフルだといった外面的なことに惑わされないことです。

テキストの中には、取っつきやすさを前面に押し出し、ビジュアル的（イラストを多用）でカラフルだが説明がほとんどないというようなものもあります。手に取ってパラパラ見ると、これならいかにも分かりやすそう！　と雰囲気で勝負するようなテキストです。

もちろん「取っつきやすさ」を全否定するつもりはありませんが、「取っつきやすさ」が直接合格に結びつくわけではありません。勉強をしていくうちに結局、ちゃんと説明してあるテキストを買い足すということが多いのです。

◎過去問題集を選択する

宅建士試験の出題は、過去問から繰り返し出題されます。したがって、過去問を集めた過去問題集の検討は必須といえます。過去問題集はテキストとセットで出版されているものが多いので、過去問の解説がテキストとリンクしているという意味では、セットで購入したほうがよいでしょう。ただし、テキストで確認しようとする場合に、前述のように説明がほとんどないテキストもあるので、テキスト選びは慎重にするようにしましょう。

◎独学のメリットとデメリット

独学で勉強することのメリットは、「思い立ったタイミングで勉強を始められる」「自分の好きなテキストを選択できる」「費用が安くて済む」「自分の都合のよい時間帯に勉強できる」といった点にあるのではないでしょうか。

ただし、勉強中に疑問が生じても、すべて自分で調べて解決しなければなりません。時間的にロスするだけでなく、モヤモヤを抱えながら勉強するのは精神衛生上よくありません。

4

宅建士試験 短期合格への戦略論

合格への道

◎確実に35点プラスα《アルファ》を確保する「非常識合格法」

◎満点を狙う必要はない

宅建士試験に合格するために「50点満点」を狙う必要はありません。満点どころか、40点以上の高得点をあげる必要さえもありません。それでも「高得点～満点にこだわる」というなら、今回紹介している勉強方法や内容について、その数倍の労力を要することになります。

過去の宅建士試験の合格基準点を見ると35点前後が多く、最も高い年でも38点です。ですから、確実に「35点プラスα《アルファ》」得点できる実力（7割強得点できる力）を身につければよいのです。

◎最短最速の選択肢はひとつ

では、確実に「35点プラスα」得点できる実力（7割強得点できる力）を最短最速で身につけるためには、どのような勉強をしたらよいのでしょうか。

これはもう、ほかに道はないといってもいいでしょう。

《「出題頻度の高い部分」を何度も何度も繰り返し、頭に叩き込む》

これがいちばんです。

では、その「出題頻度の高い部分」とは、具体的には何でしょうか？

いったい何を確認すればいいのでしょうか？

これもまた、ほかに道はないといってもいいのですが、ずばり、

「過去問題」

のことです。例えば、10年分の過去問題を分野別に分類してみると、毎年出題される論点もある一方で、1回しか出題されていない論点もあることが明確に分かります。

10年に一度出題されるかどうかといった論点をいくら勉強しても、出題の確率からいって得点に結びつく可能性は限りなく低く、そのために出題頻度の高い論点の対策が不十分になれば本末転倒というものです。

以上から、テキストを一読するという作業も大事ですが、早めに過去問題を検討し、「出題頻度の高い部分」を見つけることはもっと大事です。

◎得点源とする科目を見つける

宅建士試験の分野としては、前述のとおり、

①権利関係…………14問
②宅建業法…………20問
③法令上の制限……8問
④税その他…………8問

があります。このうち、最も力を入れるべき科目は、**問題数**（配点）**の多さ**という点においても、**得点のしやすさ**という点においても「宅建業法」です。

合格者の多くが「宅建業法」で高得点をあげています。

《「宅建業法」を制する者は、宅建士試験を制す！》

なのです。宅建業法が、宅建業の免許制度や業務上の規制、宅建士制度などについて定めた法律であることはすでに述べたとおりですが、実務的な法律でありイメージしやすいのが特徴でもあります。

「宅建業法」の問題は細かい事項についても訊かれますが、繰り返し同じような問題が出題されます。「宅建業法」は比較的に範囲が狭く、近時の改正部分を除いて**ほぼ出題されつくして**

いる感じすらあります。

ただし、ひっかけ問題（トラップが仕掛けられた問題）が多いのも「宅建業法」の特徴であり、問題文を慎重に読まなければ敵の仕掛けたトラップの餌食《えじき》になることになります。

このようなトラップを見抜く力も含めて、「宅建業法」は細かい事項まで手を抜かずに準備する必要があります。

◎科目ごとの目標得点を計算する

「取らぬ狸《たぬき》の皮算用」ではないですが、宅建士試験の合格をイメージする場合、**科目ごとの目標得点を計算する**ことは、とても大事です。

まずは、いちばん計算できる「宅建業法」から得点を積み上げていきます。

次は、「法令上の制限」です。「権利関係」より問題が少ないのになぜ？と思われるかもしれませんが、暗記科目であり比較的得点しやすい科目だからです。ここで得点の上積みを目指すべきです。3番目にくるのは「権利関係」です。問題数は14問と「宅建業法」の20問の次に多いですが、最も得点が計算できない科目です。

その権利関係の中でも「民法」は、条文数が1000を超える広範囲から出題されます。そのため宅建士試験の中では、最もメリハリをつけて勉強すべき法律です。

メリハリをつけるというのは、前述した「出題頻度の高い部分」に絞って勉強するということです。そのためには過去問題を検討するのがいちばん有効といえます。前述の例でもあげましたが、出題範囲が広いため、最低でも10年分は検討するようにしましょう。

なお、令和2年4月より民法の一部が120年ぶりに改正施行され、出題当時の問題がそのままでは使えないものが多数あります。その場合、受験指導校の教材その他市販の過去問題集は改正法に対応し編集してありますが、改正部分については練習問題としての性格が強く、書籍によって問題文が同じではないということも知っておきましょう。

第4章

過去問による学習はかくのごとくすべし！

1 なぜ過去問題に取り組むか

合格への道

過去問の重要性をあらためて認識しましょう

◎「宅建業法」の分野はとりわけ過去問による学習が重要

ここまで述べてきたように、本試験では過去に出題されたのと同じような問題が繰り返し出題されます。特に「宅建業法」はその傾向が強いといえます。

「本試験ではどこが訊かれるのか」「どこが間違いやすいのか」といったことを知るには、過去問（過去の本試験問題）を解くのがいちばんいいのです。

次の過去問題の選択肢を見てください（平成24年《問26》選択肢2）。

免許を受けようとするB社に、刑法第206条（現場助勢）の罪により罰金の刑に処せられた者が非常勤役員として在籍している場合、その刑の執行が終わってから5年を経過していなくとも、B社は免許を受けることができる。

この問題で問われているのは次の2つです。

①宅建業の免許を受けることができない欠格事由に該当する場合の犯罪の種類

②免許を受けることができない欠格事由に該当する役員が在籍する法人の免許取得の可否
（その役員の「常勤、非常勤」で異なるか）

まず①についてですが、役員が「罰金刑」に処せられて免許欠格事由に該当する場合、その犯罪の種類は、傷害罪、傷害現場助勢罪、暴行罪など一定の暴力関係の犯罪に限られます。したがって、問題文の刑法第２０６条（現場助勢）も一定の暴力関係の犯罪に含まれます。

次に②についてですが、役員が免許欠格事由に該当するときは、法人も免許を受けることができません。これは、法人を実質的に動かしているのは役員であるため、役員が免許欠格事由に該当するときは、法人も免許を受けられないことにしたのです。

それでは、常勤と非常勤で扱いが異なるかどうかですが、宅建業法は役員について、その名称を問わず「法人に対し業務を執行する社員、取締役、執行役又《また》はこれらに準ずる者と同等以上の支配力を有するものと認められる者を含む」（第5条 第2項）と規定しており、「常勤、非常勤」を区別していません。

以上により、平成24年《問26》選択肢2では、非常勤役員が免許欠格事由に該当するため、B社は免許が受けられないことになります（答えは✕）。

同じような問題として、次の過去問題の選択肢を見てください（令和元年《問43》選択肢4）。

免許を受けようとする法人の代表取締役が、刑法第231条（侮辱）の罪により拘留《こうりゅう》の刑に処せられ、その刑の執行が終わった日から5年を経過していない場合、当該法人は免許を受けることができない。

この問題は、前記（平成24年《問26》選択肢2）が理解できれば、読んだ瞬間に「誤り」であることが分かります。犯罪の種類（刑法第231条［侮辱］の罪）が一定の暴力関係の犯罪ではなく、しかも罰金刑より軽い「拘留の刑」です。

平成24年《問26》選択肢2と、令和元年《問43》選択肢4は、事例は異なりますが、問われている内容はまったく同じです。

◎類似する規制を比較する問題

それでは、別の論点について見てみましょう。

宅建業法では、**類似する規制を比較する問題**がよく出題されます。

例えば、類似する規制として、未完成物件については、開発許可・建築確認その他法令の定める処分（簡単にいうと、お役所のお墨付き）があった後でなければ広告をすることができないという規制（「広告開始時期の制限」といいます）があります。この広告開始時期の制限は、すべての宅地建物取引に適用されます。

広告開始時期の制限に類似する規制として、「契約締結時期の制限」があります。契約締結時期の制限とは、未完成物件については、開発許可・建築確認その他法令の定める処分（お役所のお墨付き）があった後でなければ契約締結ができないという制限ですが、「貸借」の代理・媒介《ばいかい》は、制限の対象とされていない点が「広告開始時期の制限」とは異なります。

出題例を見てみましょう（平成26年《問30》選択肢1）。

> 宅地建物取引業者Aは、新築分譲マンションを建築工事の完了前に販売しようとする場合、建築基準法第6条第1項の確認を受ける前において、当該マンションの売買契約の締結をすることはできないが、当該販売に関する広告をすることはできる。

本問は、未完成物件（建築工事の完了前の物件）について「広告開始時期の制限」と「契約締結時期の制限」を比較する問題ですが、両者の違いは、「広告開始時期の制限」が《すべての宅地建物取引に適用される》のに対し、「契約締結時期の制限」は《「貸借」の代理・媒介は制限の対象とされていない》ことです。

本問は、売買の場合であるので、

「売買契約の締結も、広告も、することができない」

となります（答えは✕）。

次の出題例はどうでしょうか（平成28年《問32》選択肢2）。

宅地建物取引業者Aは、自ら売主として新築マンションを分譲するに当たり、建築基準法第６条第１項の確認の申請中であったため、「建築確認申請済」と明示して、当該建物の販売に関する広告を行い、建築確認を受けた後に売買契約を締結した場合でも宅地建物取引業法に違反しない。

この問題も「確認の申請中」であることから、未完成物件について「広告開始時期の制限」と「契約締結時期の制限」を比較する問題であることは明らかです。

この問題のポイントは、「建築確認申請済」と明示して広告を行っていることが「広告開始時期の制限」に違反しないかどうかですが、未完成物件について広告をする場合、現実に「建築確認」という処分がされていなければ、いくら「建築確認申請済」「建築確認申請中」などと明示しても「広告開始時期の制限」に違反することになります（答えは✕）。

それでは、次の出題例はどうでしょうか（令和元年《問30》選択肢ア）。

宅地建物取引業者が、建築基準法第6条第1項に基づき必要とされる確認を受ける前において、建築工事着手前の賃貸住宅の貸主から当該住宅の貸借の媒介を依頼され、取引態様《よう》を媒介と明示して募集広告を行った場合、宅地建物取引業法の規定に違反する。

これは「広告開始時期の制限」についての問題ですが、「広告開始時期の制限」は「貸借」の代理・媒介を含むすべての取引に適用されるため、「取引態様を媒介と明示して募集広告を行った」としても宅建業法に違反することになります（答えは○）。

このように、宅建業法の問題は、事例が異なる問題でも同じ内容が繰り返し問われることが多いのです。

◎最初から過去問だけを解いていればよいのか

それでは、最初から過去問だけを解いていればよいのかというと、そうではありません。

過去問だけを解いてテキストを読まない方に多く見られる特徴として、解説の枝葉末節にとらわれ、**基本事項**（原則）**をあまり理解されていないことが多い**ということが挙げられます。

なぜそういうことが起きるかといいますと、過去問の解説は紙面の都合上、ポイントをついた簡潔な解説が求められるため、それぞれの選択肢の正誤が判断できる最低限の内容となります。当然のことながら、前提知識が必要な場合でも、それを省略して記述されることが少なくありません。そのため、知識が断片的となり、少しでも問題の表現が変えられたり、違う角度から訊かれたりすると対応できなくなるのです。

また、「宅建業法」の問題は、出題例から分かるように**事例式で問われる**ことが多く、事例式にすれば表現を変えるだけで同じ内容について繰り返し出題できるのです。

2

鉄は熱いうちに叩け！

合格への道

講義終了後に分野別過去問題を解く！

◎科目全体の話

講義を聴いたりテキストを読んだりして知識や情報を頭に叩き込むことは、いわば「入力」、「インプット」です。こうした「インプット」だけでは問題が解けるようにはなりません。

問題が解けるようになるためには、**問題演習という「アウトプット」が必要**になります。

このアウトプットは、インプットしてすぐに、できるだけ単元ごとの狭い範囲で行うのが効果的です。これを科目ごと（例えば宅建業法のインプットが終わった後）にアウトプットをしても最初にインプットしたものは半分以上忘れてしまい、またインプットを繰り返すということになります。

なお、実際の本試験問題は、選択肢ごとに違う論点が組み合わされて出題されることが少ないため、単元ごとの確認という意味では「分野別過去問題集」のほうが向いています。

市販の過去問題集には、

①**「分野別」過去問題集**……分野ごとに異なる出題年度の問題を集めて編集したもの

②**「年度別」過去問題集**……本試験と同じ問題配列のもの

とがあるので、インプットと併行してアウトプットをする場合には、①の「分野別」過去問題集を購入する必要があります。

一方、②の「年度別」過去問題集（本試験と同じ問題配列）は、直前期に本試験と同様の感覚で数年分を解き、得点感覚を磨くという利用に向いています。

また、直前期は、年度別過去問題集のほかに、本試験同様の50問の模擬試験を受験するのがよいでしょう。

●直前期まで

テキストを読む → **「分野別」**過去問題を解答 → 解説を確認
（確認 → テキストを読む）

●直前期

「年度別」過去問題集
＋
模擬試験

◎「権利関係」の民法に限っての話

テキストの単元ごとの学習が終わったら、その部分の分野別過去問を解答するという学習方法は、「権利関係」以外の科目の学習には適しています。

一方、「権利関係」のうち、不動産登記法、区分所有法、借地借家法を除いた民法については、この方法をとるのが、難しい場合があります。

例えば、「制限行為能力者」という論点だけから1問が構成されているのであれば、上記の学習方法がとれるのですが、1問の中に、「制限行為力者」「意思表示」「不動産物権変動の対抗要件」のように、数単元から横断的に問われる**複合問題も結構出題**されます。

そのような場合、単元ごとの学習が終了した後に、とりあえず、それに該当する過去問題を検討してみて、解答の時点で解答できる選択肢だけを解答し、必要に応じてテキストに戻り復習をしておきます。そして、その段階で、

「途中」

などのマークをしておき、民法部分の学習がひととおり終了した時点で、この「途中」マークがついた過去問を一斉に解答するようにしましょう。

3

「時間」ではなく「質と量」で勝つ

合格への道

問題を多く効率的に解くことで「実戦力」を高めよう！

◎過去問はどれくらい解けばよいのか

「過去問はどれくらい解けばよいのか」という質問がありますが、年度別の過去問でいうなら12年分が目安となります（市販の年度別問題集も12年分が多いようです）。ただし、過去問題の重要性は、科目（権利関係、法令上の制限、宅建業法、税その他）によって異なりますので、必ず12年分を検討しなければならないというわけでもありません。

以下では、科目ごとに**最低必要とされる分量**について説明します。

①「宅建業法」の場合

前にも述べたように、**過去問題の重要性が最も高いのが「宅建業法」**です。宅建業法は、同じような内容の問題が繰り返し出題されているからです。年度別過去問題なら過去7年分（20

問×7年分＝140問）を解けば、ひととおり出題論点をカバーすることができるでしょう。

②「法令上の制限」の場合

次に、過去問の重要性が高いのは「法令上の制限」です。法令上の制限は、科目の特色で見たように、都市計画法や建築基準法がどのような法律であるか、その全体像を理解すれば、あとは「暗記科目」です。法令上の制限についても、年度別過去問題なら過去7年分（8問×7年分＝56問）が目安になります。

法令上の制限における過去問題を検討する際には、**どの程度のレベルまで暗記しなければならないか**を確認してください。具体的には、《数字はどこまで細かく問われるか》《問われるとしたら、数字とともに「超／以上」「以下／未満」の違いまで暗記していないと解答できないか》《「いつから」といった起算点まで問われるか》などです。こういった点をしっかり確認しておくと、試験直前までにどんな事項をどのレベルまで暗記すべきかが明確になります。

③「権利関係」の場合

3番目に、「権利関係」における過去問の位置づけですが、権利関係のうち民法は条文数が1000を超える広範囲から出題されることは、すでに述べたとおりです。範囲が膨大であるため、同じ内容の問題が繰り返し出題されることにはなりません。

よく出題される論点はありますが、10年に1度出題されるかどうかの論点もあるため、年度別過去問題なら**最低10年分が目安**となります。市販の年度別問題集で12年分が多いのは、民法の論点をできるだけカバーするという意味があるのだと思われます。

もっとも、民法は債権関係を中心に大改正があり、令和2年4月より改正民法が施行されたため、過去問の意義はこれまでと同じであるとはいえません。そのため、改正法に対応した過去問は、練習問題としての性格が強くなったことを理解したうえで利用するのが望ましいと思います。

権利関係のうち、民法を除いた「借地借家法」「区分所有法」「不動産登記法」については、**過去7年分**（4問×7年分＝28問）**が目安**になります。

④「税その他」の場合

税その他についても7年分（8問×7年分＝56問）が目安になりますが、法令上の制限と同様に、そのほとんどの分野が暗記科目といえます。

前述した「法令上の制限」における過去問題を検討する際と同様に、どの程度のレベルまで暗記しなければならないかを確認しましょう。

4

暗記ではなく理解する

合格への道

付け焼き刃でない知識定着を!

◎暗記と理解は両方必要

宅建士試験の科目には、民法のように、問題文の事例を読んで**条文知識を当てはめる力**（応用力）が必要とされるものもあれば、ほとんど暗記科目であり、特に応用力を必要としないものもあります。そのため科目によって勉強の仕方にも違いが出てきそうです。

しかし、本当に民法は暗記が必要とされないのでしょうか?

たとえ民法であっても、用語の意味も知らず理解することは無理な話であり、最低限の用語の意味や条文知識は必要になります。そして、最低限の知識を身につけたうえで条文知識を事例に当てはめる力（応用力）を養うことができるのです。

また、暗記科目といっても、年齢を重ねるほどに暗記力が減退し、丸暗記が苦痛に感じられる人が多いのではないでしょうか。

暗記するには、「自分を納得させるもの」が必要となります。それが制度趣旨や法律の全体像といったものについての理解なのです。

したがって、暗記と理解は両方必要となります。

《「理解」するために、最小限の知識を身につける＝「暗記」する》

《「暗記」するために、法律の制度趣旨や法律の全体像を「理解」する》

ということです。

第5章

出題の傾向と対策はこう押さえるべし！

1

合格への各科目攻略①【宅建業法】

合格への道

科目ごとの出題傾向を具体的に押さえよう

第4章では、過去問の重要性について述べましたが、本章ではもう少し詳しく、科目ごとに過去問を挙げながら、どのような対策をしたらよいかを見ていくことにします。

まずは「宅建業法」です。「宅建業法」の出題論点をグループ分けすると次のようになります。

①免許制度
②宅地建物取引士制度
③営業保証金制度
④保証協会・弁済業務保証金制度
⑤業務規制
⑥監督処分・罰則

⑦住宅瑕疵《かし》担保履行法（※平成22年以降出題）

それぞれの出題論点及びグループ分けの出題数は下記のとおりです。

①免許制度……出題2～3問

（主な出題論点）用語の定義、免許の要否、免許の申請、免許の基準、宅地建物取引業者名簿、変更の届出、免許の効力、免許換え、廃業等の届出、免許証の返納等

②宅地建物取引士制度……出題1～2問

（主な出題論点）宅地建物取引士の意義とその事務、成年者である専任の宅地建物取引士の設置、宅地建物取引士資格登録、登録の効力、宅地建物取引士証、登録の移転、死亡等の届出・登録の消除

③営業保証金制度……出題0～1問

（主な出題論点）営業保証金の供託、営業保証金の保管替え等・営業保証金の変換、営業保証金の還付、営業保証金の取戻し

④保証協会・弁済業務保証金制度……出題1問

（主な出題論点）弁済業務保証金分担金の納付、弁済業務保証金の供託、弁済業務保証金の還付、弁済業務保証金準備金・特別弁済業務保証金分担金、弁済業務保証金の取戻し

⑤業務規制……出題12～13問

（主な出題論点）媒介・代理規制、広告規制、重要事項の説明、供託所等に関する説明、契約締結時期の制限、37条書面の交付、報酬額の制限、自ら売主となる8つの制限、秘密を守る義務、業務に関する禁止事項、案内所等の届出

⑥監督処分・罰則……出題1問

（主な出題論点）宅地建物取引業者に対する監督処分、宅地建物取引士に対する監督処分、宅地建物取引業者に科される罰則、宅地建物取引士に科される罰則

⑦住宅瑕疵担保履行法……出題1問

（主な出題論点）資力確保措置義務・資力確保措置の状況についての届出、新たな契約締結

の制限、供託所の所在地等に関する説明、住宅販売瑕疵担保責任保険契約

「宅建業法」の中で出題数が最多なのは、「業務規制」に関する問題です。12～13問と飛び抜けています。出題数は年によって若干の変動がありますので、おおよその目安にしていただきたいと思います。

◎出題数最多の「業務規制」を攻略する

上記のとおり、宅建業法の中でも最も出題数が多いのは、「業務規制」に関する問題です。ひとくちに「業務規制」といっていますが、出題数が多いのも、宅建業法の中でその範囲が広いからで、中でも多いのが「重要事項の説明」と「自ら売主となる8つの制限」です。

「重要事項の説明」が2～3問
「自ら売主となる8つの制限」が2～4問

出題されています。「重要事項の説明」は、37条書面の記載事項と比較する問題もよく出題されます。「自ら売主となる8つの制限」は、クーリング・オフの問題が頻出となっています。

過去の出題例を見てみましょう。

［令和6年《問37》］

宅地建物取引業者が行う宅地建物取引業法第35条に規定する重要事項説明に関する次の記述のうち、正しいものはいくつあるか。なお、説明の相手方は宅地建物取引業者ではないものとする。

ア　建物の貸借の媒介を行う場合、水防法施行規則第11条第1号の規定により市町村の長が提供する水害ハザードマップに当該建物の位置が含まれているときは、その所在地を示して説明しなければならない。

イ　既存住宅の売買を行う場合、宅地建物取引業法第34条の2第1項第4号に規定する建物状況調査の実施後、1年を経過していないものについては、建物状況調査の実施の有無、実施している場合の結果の概要について説明しなければならない。

ウ　宅地の売買を行う場合、宅地の造成に関する工事の完了前のものであるときは、完了時における当該宅地に接する道路の構造及び幅員を説明しなければならない。

エ　建物の貸借の媒介を行う場合、私道に関する負担の有無や内容を事前に調査し、説明しなければならない。

1　一つ　　2　二つ　　3　三つ　　4　四つ

選択肢アについては、取引対象である宅地又は建物が所在する市町村の長が提供する図面（水害ハザードマップ）に当該宅地又は建物の位置が表示されているときは、当該図面（水害ハザードマップ）における当該宅地又は建物の所在地を示して説明しなければなりません。この説明は、貸借の媒介を含むすべての取引において必要です（答えは○）。

選択肢イについては、建物が既存の建物であるときは、建物状況調査（実施後1年、鉄筋コンクリート造又は鉄骨鉄筋コンクリート造の共同住宅等については実施後2年を経過していないものに限る。）を実施しているかどうか、及びこれを実施している場合におけるその結果の概要について説明しなければなりません。したがって、建物状況調査の実施後、1年を経過していないものについては、建物の構造等にかかわらず説明する必要があります（答えは○）。

選択肢ウについては、物件が未完成のものであるときは、「完成時における形状、構造その他国土交通省令・内閣府令で定める事項（宅地の場合は、造成工事完了時の当該宅地に接する道路の構造及び幅員）」について、説明しなければなりません（答えは○）。

選択肢エについては、「契約が建物の貸借の契約以外のものであるときは、私道に関する負担に関する事項」について説明しなければなりません。建物の貸借の媒介の場合は説明の必要はありません（答えは✕）。

以上により、正しいものはア・イ・ウの三つとなり、選択肢3が正解となります。

次に、重要事項の説明と37条書面の記載事項との比較問題を見てみましょう。

［令和3年《問37》10月試験］

宅地建物取引業法第35条の規定に基づく重要事項の説明及び同法第37条の規定により交付すべき書面（以下この問において「37条書面」という。）に関する次の記述のうち、正しいものはどれか。

1　宅地建物取引業者は、媒介により区分所有建物の賃貸借契約を成立させた場合、専有部分の用途その他の利用の制限に関する規約においてペットの飼育が禁止されているときは、その旨を重要事項説明書に記載して説明し、37条書面にも記載しなければならない。

2　宅地建物取引業者は、自ら売主となる土地付建物の売買契約において、宅地建物取引業者ではない買主から保全措置を講ずる必要のない金額の手付金を受領する場合、手付金の保全措置を講じないことを、重要事項説明書に記載して説明し、37条書面にも記載しなければならない。

3　宅地建物取引業者は、媒介により建物の敷地に供せられる土地の売買契約を成立させた場合において、当該売買代金以外の金銭の授受に関する定めがあるときは、その額並びに当該金銭の授受の時期及び目的を37条書面に記載しなければならない。

4　宅地建物取引業者は、自ら売主となる土地付建物の売買契約及び自ら貸主となる土地付建物の賃貸借契約のいずれにおいても、37条書面を作成し、その取引の相手方に交付しなければならない。

選択肢1については、区分所有建物の貸借の媒介を含むすべての取引において、「専有部分の用途その他の利用の制限に関する規約の定め（案を含む。）があるときは、その内容」は、重要事項説明書の記載事項（説明事項）とされていますが、37条書面の記載事項とはされていません（×）。

選択肢2について、宅建業者が自ら売主となる宅地又は建物の売買において、「手付金等を受領しようとする場合における手付金等の保全措置の概要」は、重要事項説明書の記載事項（説明事項）とされていますが、保全措置を講ずる必要のない金額の手付金を受領する場合、手付金等の保全措置の概要について、重要事項説明書に記載して説明する必要はありません。また、37条書面の記載事項ともされていません（×）。

選択肢3について、宅地又は建物の売買において、「代金及び交換差金以外の金銭の授受に関する定めがあるときは、その額並びに当該金銭の授受の時期及び目的」は、37条書面の記載事項とされています（○）。

選択肢4について、宅建業者が自ら売主となる場合には、37条書面を作成し、その取引の相手方に交付しなければなりませんが、宅建業者が自ら「貸主」となる場合には、そもそも宅地建物取引に該当しないので、37条書面を作成して、相手方に交付する必要はありません（×）。

以上により、選択肢3が正解となります。

2

合格への各科目攻略②【法令上の制限】

合格への道

科目ごとの出題傾向を具体的に押さえよう

「法令上の制限」は、前述したように、

①都市計画法
②建築基準法
③国土利用計画法
④農地法
⑤盛土規制法
⑥土地区画整理法

の6つの法律から出題されます（数年に一度、「その他の法令」が出題される場合があります）。

各法律ごとの出題論点は次のようになります。

①都市計画法……出題2問

（主な出題論点）都市計画区域、準都市計画区域の指定、都市計画の種類、都市計画の内容、都市計画の決定、開発許可制度、都市計画制限

②建築基準法……出題2問

（主な出題論点）建築基準法の適用が除外される建築物、建築確認、単体規定、集団規定、建築協定

③国土利用計画法……出題1問

（主な出題論点）事後届出制、事前届出制、許可制

※「その他の法令」（後記◉）の選択肢の1つとして出題される場合があります。

④農地法……出題1問

（主な出題論点）農地・採草放牧地の意味、3条許可・4条許可・5条許可、農地・採草放牧地の賃貸借の対抗力

⑤盛土規制法……出題1問

（主な出題論点）宅地造成等工事規制区域の指定、許可制、届出制、土地の保全等、造成宅地防災区域

※「その他の法令」（後記◉）の選択肢の1つとして出題される場合があります。

⑥土地区画整理法……出題1問

（主な出題論点）土地区画整理事業の施行者など、建築行為等の制限、仮換地、換地処分

◉その他の法令……出題0〜1問

「その他の法令」には「津波防災地域づくり法」「景観法」「道路法」「森林法」「海岸法」「都市緑地法」「地すべり等防止法」「土壌汚染対策法」「河川法」などがあります。

それでは、過去の出題例を見てみましょう。

◎都市計画法

［平成23年《問16》］

都市計画法に関する次の記述のうち、正しいものはどれか。

1　都市計画区域は、市又は人口、就業者数その他の要件に該当する町村の中心の市街地を含み、かつ、自然的及び社会的条件並びに人口、土地利用、交通量その他の現況及び推移を勘案して、一体の都市として総合的に整備し、開発し、及び保全する必要がある区域を当該市町村の区域の区域内に限り指定するものとされている。

2　準都市計画区域については、都市計画に、高度地区を定めることはできるが、高度利用地区を定めることはできないものとされている。

3　都市計画区域については、区域内のすべての区域において、都市計画に、用途地域を定めるとともに、その他の地域地区で必要なものを定めるものとされている。

4　都市計画区域については、無秩序な市街化を防止し、計画的な市街化を図るため、都市計画に必ず市街化区域と市街化調整区域との区分を定めなければならない。

選択肢1について、都市計画区域は、必要があるときは、「市町村の区域外にわたり」、指定することができます。「市町村の区域の区域内」に限定されるわけではありません（×）。その他の記述は適切です。

選択肢2について、準都市計画区域の都市計画に定めることができるのは、用途地域、特別用途地区、特定用途制限地域、高度地区（最高限度のみ）、景観地区、風致地区、緑地保全地域、伝統的建造物群保存地区の8つの地域地区に限られます。準都市計画区域は、現状、開発等の予定はないが、そのまま放置すれば将来における一体の都市としての整備、開発及び保全に支障が生じるおそれがあると認められる区域に指定することができます。

いいかえると、準都市計画区域には、土地利用の整序・環境保全型の8つの地域地区しか定めることができないということです。「高度利用地区」は、用途地域内の市街地における土地の合理的かつ健全な高度利用と都市機能の更新とを図るために定められるので、準都市計画区域に定めることができないのです（○）。

選択肢3について、都市計画区域のうち、市街化区域には、少なくとも用途地域を定めるものとされていますが、市街化調整区域には、原則として用途地域を定めないものとされています。したがって、都市計画区域のすべての区域において用途地域が定められるのではありません（×）。

選択肢4について、市街化区域と市街化調整区域との区分は、首都圏、近畿圏、中部圏、そのほか大都市等の一定の区域を除き、定めることができるのであって、必ず定めなければならないものではありません（×）。

いきなり問題を見ても何のことだか分からないという人がほとんどではないでしょうか。都市計画法は、全体像を理解したうえで、どの部分に関する事項かを意識して学習すると知識の定着度が上がります。

都市計画法の全体像を示すと次のようになります。

都市計画区域の指定（肢1）

・一体の都市として総合的に整備し、開発し、及び保全する必要がある区域

準都市計画区域の指定（肢2）

・放置すれば将来における一体の都市としての整備、開発及び保全に支障が生じるおそれがあると認められる区域

← **都市計画を定める**（肢３、４）
- 区域区分（市街化区域・市街化調整区域）
- 用途地域
- 補助的地域地区 }（地域地区）

← **都市計画制限等**
- 開発許可制度
- 市街地開発事業等予定区域の制限
- 都市計画施設等の区域
- 事業地内の制限

← **都市計画事業の実施**
- 都市計画施設の整備に関する事業
- 市街地開発事業

←
- 用途地域、特別用途地区、特定用途制限地域、高度地区（最高限度のみ）、景観地区、風致地区、緑地保全地域、伝統的建造物群保存地区の８つの地域地区に限り、定めることができる。

次は、毎年出題される開発許可制度からの出題です。

［令和6年《問16》］

都市計画法（以下この問において「法」という。）に関する次の記述のうち、正しいものはどれか。ただし、この問において条例による特別の定めはないものとし、「都道府県知事」とは、地方自治法に基づく指定都市、中核市及び施行時特例市にあってはその長をいうものとする。

1　市街化区域内において行う、医療法に規定する病院を建築するための1000㎡の開発行為については、法第29条に基づく都道府県知事の許可を得る必要がある。

2　市街化区域内において行う、開発行為を伴わない建築物の建築で、当該建築物の床面積が1000㎡以上のものについては、法第29条に基づく都道府県知事の許可を得る必要がある。

3　市街化調整区域内において行う、都市計画事業の施行のための開発行為については、法第29条に基づく都道府県知事の許可を得る必要がある。

4　法第29条に基づく許可を受けた者は、当該許可に係る土地についての一定の事項を開発登録簿に登録しなければならない。

選択肢1について、市街化区域内における1000㎡未満の開発行為は許可が不要ですが、「1000㎡以上」の開発行為は許可が必要です。なお、駅舎その他の鉄道の施設・図書館・博物館・公民館・変電所等の公益上必要な建築物の建築のために行う開発行為については、許可が不要となる例外がありますが、医療法に規定する病院の建築は例外には該当せず、許可が必要です（○）。

選択肢2について、「開発行為を伴わない建築物の建築」は、そもそも開発行為に該当しないので、法第29条に基づく都道府県知事の許可（開発許可）は、不要です（×）。

選択肢3について、市街化調整区域内における開発行為は、面積の規模にかかわらず法第29条に基づく都道府県知事の許可（開発許可）が必要ですが、都市計画事業の施行のための開発行為は、開発許可が不要とされる例外の1つです（×）。

選択肢4について、「都道府県知事」は、開発許可をしたときは、当該許可に係る土地について、一定の事項を登録簿に登録しなければなりません。そして、登録簿を常に公衆の閲覧に供するように保管し、かつ、請求があったときは、その写しを交付しなければなりません。許可を受けた者が開発登録簿に登録するのではありません（✕）。

以上により、選択肢1が正解となります。

開発許可制度の問題は、開発許可が必要かどうかという問題がほとんどであり、その問題を解く際のチェックポイントは、

①開発行為に該当するか
②開発許可を要しない場合（例外）に該当するか

の2点です。1つでも該当すれば許可が不要となります。

〈開発許可の要否〉

①開発行為に該当するか

- 「開発行為」とは、建築物の建築又は特定工作物（※後述）の建設の用に供する目的で行う土地の区画形質の変更をいう。
- 土地の区画形質のみの変更（建物・特定工作物の建築・建設を行わない）は、開発行為に該当

しない。

・土地の区画形質の変更を伴わない建物・特定工作物の建築・建設は、開発行為に該当しない。

※**特定工作物**……第一種と第二種があり、「第一種」特定工作物にはコンクリートプラント、アスファルトプラント、クラッシャープラント（採石場）、危険物貯蔵・処理用工作物など、周辺の環境悪化のおそれのある工作物が該当、いずれもその面積の大小を問わない。一方、「第二種」特定工作物には、面積の大小を問わないものとしてゴルフコースが、それ以外に1ヘクタール（1万㎡）以上の野球場、庭球場、陸上競技場、遊園地、動物園その他の運動・レジャー施設、墓園が該当する。

②開発許可を要しない場合（例外）に該当するか

・小規模開発行為（市街化区域は1000㎡未満、非線引区域及び準都市計画区域は3000㎡未満、都市計画区域及び準都市計画区域以外の区域は1ヘクタール［1万㎡］未満）に該当するときは許可が不要。

・市街化区域以外で農林漁業用建築物（畜舎・温室・倉庫・サイロなど）や農林漁業者が自己の住宅を建築するために行う開発行為は許可が不要。

・一定の公益的建築物（駅舎その他の鉄道の施設・図書館・公民館・変電所等）を建築するための開発行為は許可が不要。

・都市計画事業の施行として行う開発行為など一定の行為は許可が不要。

◎建築基準法

まず、総則規定に関する問題から見てみましょう。

［平成24年《問18》］

建築基準法に関する次の記述のうち、正しいものはどれか。（法改正により一部改題）

1　建築基準法の改正により、現に存する建築物が改正後の建築基準法の規定に適合しなくなった場合、当該建築物は違反建築物となり、速やかに改正後の建築基準法の規定に適合させなければならない。

2　事務所の用途に供する建築物を、飲食店（その床面積の合計２５０㎡）に用途変更する場合、建築主事等又は指定確認検査機関の確認を受けなければならない。

3　住宅の居室には、原則として、換気のための窓その他の開口部を設け、その換気に有効な部分の面積は、その居室の床面積に対して、25分の１以上としなければならない。

4　建築主事は、建築主から建築物の確認の申請を受けた場合において、申請に係る建築物の計画が建築基準法令の規定に適合しているかを審査すれば足り、都市計画法等の建築基準法以外の法律の規定に適合しているかは審査の対象外である。

選択肢1について、現に存する建築物が改正後の建築基準法の規定に適合しなくなった場合、その建築物を「既存不適格建築物」といい、違反建築物ではありません。「既存不適格建築物」には、改正後の規定は適用されません（ただし、増改築等をする場合には適用されます）。したがって、速やかに改正後の建築基準法の規定に適合させる必要はありません（×）。

なお、「既存不適格建築物」の問題は、繰り返し出題されています。

［平成30年《問18》選択肢4］　建築基準法の改正により、現に存する建築物が改正後の規定に適合しなくなった場合、当該建築物の所有者又は管理者は速やかに当該建築物を改正後の建築基準法の規定に適合させなければならない（×）。

［令和4年《問17》選択肢1］　法の改正により、現に存する建築物が改正後の法の規定に適合しなくなった場合には、当該建築物は違反建築物となり、速やかに改正後の法の規定に適合させなければならない（×）。

選択肢2について、床面積の合計が200㎡を超える特殊建築物への用途変更（類似の用途相互間におけるものである場合を除く）は、建築主事等又は指定確認検査機関の確認（建築確認）

が必要です。事務所は特殊建築物ではありませんが、飲食店は特殊建築物であり、200㎡を超える特殊建築物に用途変更する場合には、建築確認を受けなければなりません（○）。

選択肢3について、換気に有効な部分の面積は、その居室の床面積に対して、原則として「20分の1以上」としなければなりません（**×**）。

選択肢4について、建築物の確認の申請を受けた場合、申請に係る建築物の計画が建築基準法の規定だけでなく、都市計画法や消防法等の建築基準法以外の法律の規定に適合しているかについても審査されます（**×**）。

本問は、選択肢1が**建築基準法の適用が除外される建築物**（総則規定）
選択肢2が**建築確認**（総則規定）
選択肢3が**居室の換気**（単体規定）
選択肢4が**建築確認**（総則規定）
に関する問題であり、選択肢3を除き、基本事項を問う問題です。

次は、建築基準法の集団規定の問題から見てみましょう。

［令和5年《問18》］

次の記述のうち、建築基準法（以下この問において「法」という。）の規定によれば、正しいものはどれか。

1　法第53条第1項及び第2項の建蔽率制限に係る規定の適用については、準防火地域内にある準耐火建築物であり、かつ、街区の角にある敷地又はこれに準ずる敷地で特定行政庁が指定するものの内にある建築物にあっては同条第1項各号に定める数値に10分の2を加えたものをもって当該各号に定める数値とする。

2　建築物又は敷地を造成するための擁壁は、道路内に、又は道路に突き出して建築し、又は築造してはならず、地盤面下に設ける建築物においても同様である。

3　地方公共団体は、その敷地が袋路状道路にのみ接する建築物であって、延べ面積が150㎡を超えるものについては、一戸建ての住宅であっても、条例で、その敷地が接しなければならない道路の幅員、その敷地が道路に接する部分の長さその他その敷地又は建築物と道路との関係に関して必要な制限を付加することができる。

4　冬至日において、法第56条の2第1項の規定による日影規制の対象区域内の土地に日影を生じさせるものであっても、対象区域外にある建築物であれば一律に、同項の規定は適用されない。

選択肢1について、①防火地域（建蔽率の限度が10分の8とされている地域を除く）内にある耐火建築物等又は「準防火地域内にある耐火建築物等もしくは準耐火建築物等」については、都市計画で定めた建蔽率の数値（法第53条第1項各号に定める数値）に10分の1が加算されます。また、②街区の角にある敷地又はこれに準ずる敷地で特定行政庁が指定するものの内にある建築物についても、都市計画で定めた建蔽率の数値に10分の1が加算されます。

そして、①かつ②に該当するときは、都市計画で定めた建蔽率の数値に10分の2が加算されます。本肢の場合、①かつ②に該当するので、都市計画で定めた建蔽率の数値に10分の2が加算されます（○）。

選択肢2について、建築物又は敷地を造成するための擁壁は、原則として、道路内に、又は道路に突き出して建築し、又は築造してはならないとされていますが、「地盤面下に設ける建築物」などは、例外とされています（×）。

選択肢3について、敷地が袋路状道路（その一端のみが他の道路に接続したものをいう。）にのみ接する建築物で、延べ面積が150㎡を超えるものについては、条例で、その敷地が接しなければならない道路の幅員、その敷地が道路に接する部分の長さその他その敷地又は建築物と道路との関係に関して必要な制限を付加することができますが、「一戸建ての住宅」は、この制限の対象外とされています（×）。

選択肢4について、日影規制の対象区域外にある高さが10mを超える建築物で、冬至日において、「対象区域内の土地に日影を生じさせるもの」は、当該対象区域内にある建築物とみなし、日影規制が適用されます（×）。

本問は、選択肢1が**建蔽率制限**（集団規定）
選択肢2が**道路内の建築制限**（集団規定）
選択肢3が**条例による接道義務の付加**（集団規定）
選択肢4が**日影規制**（集団規定）
となっています。選択肢2および4は基本事項に関する問題であり、選択肢3は比較的近時の改正事項に関する問題です。選択肢1の建蔽率制限の問題は、比較的よく出題される問題であり、建蔽率制限が10分の1加算され場合と10分の2加算される場合については、必ず押さえておく必要があります。もっとも、選択肢1で訊かれている内容は近時改正された部分であり、難易度的にはやや難しい問題です。

【平成30年《問18》】

建築基準法に関する次の記述のうち、正しいものはどれか。

1　建築物の高さ31ｍ以下の部分にある全ての階には、非常用の進入口を設けなければならない。

2　防火地域内にある3階建ての木造の建築物を増築する場合、その増築に係る部分の床面積の合計が10㎡以内であれば、その工事が完了した際に、建築主事又は指定確認検査機関の完了検査を受ける必要はない。

3　4階建ての事務所の用途に供する建築物の2階以上の階にあるバルコニーその他これに類するものの周囲には、安全上必要な高さが1.1ｍ以上の手すり壁、さく又は金網を設けなければならない。

4　建築基準法の改正により、現に存する建築物が改正後の規定に適合しなくなった場合、当該建築物の所有者又は管理者は速やかに当該建築物を改正後の建築基準法の規定に適合させなければならない。

選択肢1について、建築物の高さ31m以下の部分にある「3階以上の階」には、非常用の進入口を設けなければなりません。「全ての階」に設けなければならないわけではありません（×）。

選択肢2について、建築主は、建築確認申請した建築物の工事を完了したときは、建築主事又は指定確認検査機関の完了検査を受けなければなりません。

防火地域及び準防火地域外においては、増築、改築又は移転に係る部分の床面積の合計が10㎡以内であるときは、建築確認も完了検査も不要ですが、本肢の場合、「防火地域内」にある木造の大規模建築物であるので、床面積の合計が10㎡以内であっても、建築確認と完了検査を受ける必要があります（×）。

選択肢3について、「屋上広場又は2階以上の階にあるバルコニーその他これに類するものの周囲には、安全上必要な高さが1.1m以上の手すり壁、さく又は金網を設け」なければなりません（○）。

選択肢4については、前出の［平成24年《問18》］で見たとおりです。したがって、速やかに当該建築物を改正後の建築基準法の規定に適合させる必要はありません（✕）。

本問は、選択肢1が**非常用の進入口の設置**（単体規定）

選択肢2が**建築確認等**（総則規定）

選択肢3が**避難施設等**（単体規定）

選択肢4が**建築基準法の適用が除外される建築物**（総則規定）

となっています。

単体規定は細かく技術的基準を定めているものが多く、単体規定の問題が出題されたときは、問題の難易度がぐっと上がります。さらに規定が広範囲に及ぶため、試験対策としては、過去問に絞るなどメリハリをつけた学習が必要になります。

◎国土利用計画法

最も出題頻度の高い「事後届出」の出題例を見てみましょう。

［令和4年《問22》］

国土利用計画法第23条の届出（以下この問において「事後届出」という。）に関する次の記述のうち、正しいものはどれか。なお、この問において「都道府県知事」とは、地方自治法に基づく指定都市にあってはその長をいうものとする。

1 都市計画区域外において、A市が所有する面積15000㎡の土地を宅地建物取引業者Bが購入した場合、Bは事後届出を行わなければならない。

2 事後届出において、土地売買等の契約に係る土地の土地に関する権利の移転又は設定の対価の額については届出事項ではない。

3 市街化区域を除く都市計画区域内において、一団の土地である甲土地（C所有、面積3500㎡）と乙土地（D所有、面積2500㎡）を宅地建物取引業者Eが購入した場合、Eは事後届出を行わなければならない。

4　都道府県知事は、土地利用審査会の意見を聴いて、事後届出をした者に対し、当該事後届出に係る土地の利用目的について必要な変更をすべきことを勧告することができ、勧告を受けた者がその勧告に従わない場合、その勧告に反する土地売買等の契約を取り消すことができる。

選択肢1について、都市計画区域外において、土地売買等の契約について事後届出が必要となるのは10000㎡以上ですが、契約当事者の一方が、国・地方公共団体・公社等であるときは、事後届出は不要となります。本肢の場合、契約当事者の一方が地方公共団体（市）であるため、事後届出は不要です（×）。

選択肢2について、事後届出において、「対価の額」は届出事項とされています（×）。

選択肢3について、市街化区域を除く都市計画区域内において、土地売買等の契約について事後届出が必要となるのは「5000㎡以上」ですが、その場合の土地面積の規模は、「権利取得者」について判断します。

本肢の場合、権利取得者であるEは、甲土地（C所有、面積3500㎡）と乙土地（D所有、面積2500㎡）の合計6000㎡の一団の土地を購入しているので、事後届出をする必要があります（○）。

選択肢4について、都道府県知事は、事後届出をした者に対し、土地の利用目的について必要な変更をすべきことを勧告することができます。

勧告に従わないときは、その旨及びその勧告の内容を公表することはできますが、契約を取り消すことはできません（×）。

以上により、選択肢3が正解となります。

次は、事後届出と事前届出の混合問題を見てみましょう。

［令和6年《問22》］

国土利用計画法（以下この問において「法」という。）第23条の届出（以下この問において「事後届出」という。）及び法第27条の7の監視区域内の届出（以下この問において「事前届出」という。）に関する次の記述のうち、正しいものはどれか。なお、この問において「都道府県知事」とは、地方自治法に基づく指定都市にあってはその長をいうものとする。

1　Aが所有する市街化区域以外の都市計画区域内の4000㎡の土地について、宅地建物取引業者Bが地上権の設定を受ける契約を締結した場合、Bは事後届出を行わなければならない。

2　宅地建物取引業者Cが所有する市街化区域内の3000㎡の土地と宅地建物取引業者Dが所有する都市計画区域外に所在する12000㎡の土地を金銭の授受を伴わずに交換する契約を締結した場合、C及びDはともに事後届出を行う必要はない。

3　事前届出又は事後届出が必要な土地について、売買契約を締結したにもかかわらず所定の期間内に当該届出をしなかった者は都道府県知事からの勧告を受けることがあるが、罰則の適用を受けることはない。

4　監視区域に指定された市街化区域内に所在する土地2500㎡について売買契約を締結しようとする当事者は、契約締結の少なくとも6週間前までに事前届出を行わなければならない。

選択肢1について、市街化区域以外の都市計画区域内において、土地売買等の契約について事後届出が必要となるのは「5000㎡以上」です。Bは、4000㎡の土地について権利（地上権）を取得しているにすぎないので、事後届出をする必要はありません（×）。

選択肢2について、土地売買等の契約について事後届出が必要となるのは、市街化区域内においては「2000㎡以上」、都市計画区域外においては「10000㎡以上」です。交換の場合は、金銭の授受を問わず、相互に権利取得者となり、Cは都市計画区域外に所在する12000㎡の土地を、Dは市街化区域内の3000㎡の土地を取得することになるので、C及びDは、ともに事後届出をする必要があります（×）。

選択肢3について、「届出をした者」に対しては、都道府県知事から勧告を受けることがありますが、「届出をしなかった者」が勧告を受けることはありません。ただし、届出が必要な場合に、届出をしなかった者は、罰則（6ヵ月以下の懲役又は100万円以下の罰金）の適用を受けます（×）。

選択肢4について、監視区域に指定された市街化区域内に所在する「2000㎡以上」の土地について、土地売買等の契約を締結しようとする当事者は、契約締結の少なくとも6週間前までに事前届出を行わなければなりません（〇）。

本肢の場合、2500㎡であるので当事者（売主及び買主）は事前届出をする必要があります。

以上により、選択肢4が正解となります。

本問は、どの選択肢も過去問の知識で解ける基本的な問題です。

国土利用計画法は、範囲が狭く、出題もほとんどが事後届出制に関するものであるので、出題された場合には**確実に得点できるようにしましょう。**

事後届出と事前届出についてまとめると、左ページのようになります。

■事前届出と事後届出

	監視区域	注視区域	無指定区域
規制方法	事前届出		事後届出
届出対象面積	都道府県知事が都道府県の規則で定める面積（右の面積未満で定める）以上	以下の一団の土地(注) ①市街化区域　⇒ 2,000㎡以上 ②市街化調整区域・非線引区域　⇒ 5,000㎡以上 ③都市計画区域外　⇒ 10,000㎡以上	
届出手続	当事者が、当該土地が所在する市町村の長を経由して、あらかじめ都道府県知事に届出		権利取得者が、契約締結の日から2週間以内に、当該土地が所在する市町村の長を経由して、都道府県知事に届出
届出不要な場合	①土地売買等の契約に係る土地の面積が上記の面積未満（監視区域では都道府県知事が都道府県の規則で定めた面積未満）である場合 ②民事調停法による調停、民事訴訟法による和解 ③当事者の一方又は双方が国・地方公共団体等（市町村を含む）の場合 ④農地法3条の許可を要する場合 など		

（注）「一団の土地」か否かは、物理的な一体性・計画上の一貫性の有無により判断する。「事後届出」制においては、同一人である権利取得者が分譲マンションの用地取得のため1筆の土地を2筆に分け、それぞれ別々に購入した場合、個々に取引される土地の面積が届出対象面積未満であっても、全体が届出対象面積以上であれば個々の取引について届出が必要となる。「事前届出」制においては、一団の土地か否かは、契約当事者の一方又は双方について判断される。

◎農地法

［令和3年《問21》10月試験］

農地に関する次の記述のうち、農地法（以下この問において「法」という。）の規定によれば、誤っているものはどれか。

1 遺産分割によって農地を取得する場合には、法第3条第1項の許可は不要であるが、農業委員会への届出が必要である。

2 法第3条第1項の許可を受けなければならない場合の売買については、その許可を受けずに農地の売買契約を締結しても、所有権移転の効力は生じない。

3 砂利採取法第16条の認可を受けて市街化調整区域内の農地を砂利採取のために一時的に借り受ける場合には、法第5条第1項の許可は不要である。

4 都道府県が市街化調整区域内の農地を取得して病院を建設する場合には、都道府県知事（法第4条第1項に規定する指定市町村の区域内にあってはその長）との協議が成立すれば、法第5条第1項の許可があったものとみなされる。

選択肢1について、農地又は採草放牧地の現況取引（転用目的でない取引）については、原則として、農業委員会の許可を受けなければなりません。ただし、相続等（遺産分割、包括遺贈、相続人への特定遺贈）によって取得した場合には、3条許可は不要ですが、遅滞なく、農業委員会にその旨を届け出なければなりません（○）。

選択肢2について、農地法3条1項の許可が必要な場合に、許可を受けずに農地の売買契約を締結しても、所有権移転の効力は生じません（○）。

選択肢3について、農地を砂利採取のために一時的に借り受ける場合であっても、転用目的の取引に該当するので、農地法5条1項の許可が必要です（×）。

なお、「市街化区域内」の農地については、あらかじめ農業委員会に届け出ることによって5条1項の許可が不要となる特例がありますが、「市街化調整区域内」の農地については、このような特例はありません。

選択肢4について、都道府県が農地を取得して病院を建設する場合であっても、転用目的の取引に該当し、原則として、農地法5条1項の許可が必要となります。

	3条規制	4条規制	5条規制
規制対象	現況取引	自己転用	転用取引
取引の有無	○	×	○
転用の有無	×	○	○
許可権者	農業委員会	都道府県知事等(注)	
市街化区域内の特例		あらかじめ農業委員会に届け出れば足り、許可は不要	
違反行為	契約は効力を生じない		契約は効力を生じない
違反の措置		許可取消し、工事停止、違反是正命令等	

許可が必要であるにもかかわらず許可を受けなかった場合には、3年以下の懲役又は300万円（法人は1億円）以下の罰金に処せられます。

（注）農林水産大臣が指定する市町村（指定市町村）の区域内にあっては、指定市町村の長が許可権者となります。

ただし、都道府県知事（法第4条第1項に規定する指定市町村の区域内にあってはその長）との協議が成立すれば、法第5条第1項の許可があったものとみなされます（○）。

農地法の問題は、3条許可・4条許可・5条許可からの出題が最も多いので、それぞれの規制内容と許可権者、届出先について上に整理しておきましょう。

◎盛土規制法

［令和3年《問19》10月試験］

宅地造成及び特定盛土等規制法（以下この問において「法」という。）に関する次の記述のうち、誤っているものはどれか。なお、この問において「都道府県知事」とは、地方自治法に基づく指定都市、中核市及び施行時特例市にあってはその長をいうものとする。

（法改正により一部改題）

1　宅地造成等工事規制区域内において、宅地を造成するために切土をする土地の面積が５００㎡であって盛土を生じない場合、切土をした部分に生じる崖の高さが1.5ｍであれば、都道府県知事の法第12条第1項本文の工事の許可は不要である。

2　都道府県知事は、法第12条第1項本文の工事の許可の申請があった場合においては、遅滞なく、許可又は不許可の処分をしなければならず、許可の処分をしたときは許可証を交付し、不許可の処分をしたときは文書をもってその旨を申請者に通知しなければならない。

３　都道府県知事は、一定の場合には都道府県（地方自治法に基づく指定都市、中核市又は施行時特例市の区域にあっては、それぞれ指定都市、中核市又は施行時特例市）の規則で、宅地造成等工事規制区域内において行われる宅地造成等に関する工事の技術的基準を強化し、又は付加することができる。

４　都道府県知事は、関係市町村長の意見を聴いて、宅地造成等工事規制区域内で、宅地造成等に伴う災害で相当数の居住者その他の者に危害を生ずるものの発生のおそれが大きい一団の造成宅地の区域であって一定の基準に該当するものを、造成宅地防災区域として指定することができる。

選択肢１について、宅地造成等工事規制区域内において行う土地の形質の変更で、切土の場合、①切土部分に「２ｍを超える」崖を生ずるもの、②盛土又は切土の面積が「５００㎡を超える」ものについては都道府県知事の許可が必要となります。本肢の場合、①②のどちらにも該当しないので、都道府県知事の許可は不要です（○）。

選択肢２について、都道府県知事は、許可申請があったときは、遅滞なく、許可又は不許可の処分をしなければならず、許可処分をしたときは許可証を交付し、不許可処分をしたときは

■宅地造成の意味

宅地とは……

次の土地以外のすべての土地をいう。

- ●農地・採草放牧地・森林
- ●道路・公園・河川等の公共施設に供されている土地(公共施設用地。国や地方公共団体が管理する学校・運動場・墓地なども含まれる)

宅地造成とは……

宅地以外の土地を宅地にするために行う盛土その他の土地の形質変更で政令で定めるもの(以下の❶～❺に該当するもの)

❶盛土で、盛土部分に1mを超える崖を生ずるもの
❷切土で、切土部分に2mを超える崖を生ずるもの
❸盛土と切土を同時にする場合で、盛土及び切土部分に2mを超える崖を生ずるもの(❶❷を除く)
❹盛土で、高さが2mを超えるもの(❶～❸を除く)
❺ ❶～❹以外で切土又は盛土の面積が500㎡を超えるもの

特定盛土等とは……

宅地又は農地等において行う盛土その他の土地の形質の変更で、当該宅地又は農地等に隣接し、又は近接する宅地において災害を発生させるおそれが大きいものとして政令で定めるもの(上記❶～❺に該当するもの)

■許可制・届出制

許可制……その要・不要

宅地造成等工事規制区域内における宅地造成等工事の工事主は、工事着手前に、都道府県知事の許可を受けなければならない。ただし、開発許可を受けて行われる当該許可の内容に適合した宅地造成等工事については、許可は不要。

届出制……いつまでにか(期日)も大事

①宅地造成等工事規制区域指定の際に、現に行われている宅地造成等工事(規制区域指定の日から21日以内)
②規制区域内の土地(公共施設用地を除く)における高さが2mを超える擁壁、地表水等を排除するための排水施設又は地滑り抑止ぐい等の除却工事(工事着手の14日前まで)
③公共施設用地を宅地に転用した場合(転用した日から14日以内)

文書をもってその旨を通知しなければなりません（○）。

選択肢3について、都道府県知事は、地方の気候、風土又は地勢の特殊性により、都道府県の規則で、宅地造成等に関する工事の技術的基準を強化し、又は付加することができます（○）。

選択肢4について、造成宅地防災区域とは、簡単に言えば、既に宅地造成等工事が行われた造成宅地で、災害発生のおそれがある区域として指定された区域のことです。したがって、これから宅地造成等工事を規制しようとする「宅地造成等工事規制区域内」に指定することはできません（×）。

以上により、選択肢4が正解となります。

盛土規制法の問題は、許可が必要かどうか、届出が必要かどうか、宅地造成等工事規制区域又は造成宅地防災区域の指定要件、宅地の保全等に関する問題がほとんどです。

許可制と届出制について出題されたときは、確実に得点できるように整理しておく必要があります。

◎土地区画整理法

［令和6年《問20》］

土地区画整理法に関する次の記述のうち、誤っているものはどれか。なお、この問においては、同法第136条の3による大都市等の特例及び条例で定める事務処理の特例は考慮しないものとする。

1　仮換地が指定された場合においては、従前の宅地について権原に基づき使用し、又は収益することができる者は、仮換地の指定の効力発生の日から換地処分の公告がある日まで、仮換地又は仮換地について仮に使用し、若しくは収益することができる権利の目的となるべき宅地若しくはその部分について、従前の宅地について有する権利の内容である使用又は収益と同じ使用又は収益をすることができる。

2　市町村施行の土地区画整理事業において、市町村は、換地処分をした場合においては、その旨を公告しなければならない。

3　換地計画において定められた保留地は、換地処分の公告があった日の翌日において、施行者が取得する。

4　施行者は、仮換地を指定した場合において、特別の事情があるときは、その仮換地について使用又は収益を開始することができる日を仮換地の指定の効力発生の日と別に定めることができる。

選択肢1について、仮換地指定の効果として、従前の宅地の使用収益権が仮換地に移転します。従前の宅地を使用収益できなくなる代わりに、仮換地を使用収益できるようになります（○）。ただし、処分権は従前の宅地に残ったままとなります。

選択肢2について、土地区画整理事業の施行者（国土交通大臣を除きます）は、換地処分をした場合には、その旨を都道府県知事に届け出なければならず、「都道府県知事」は、届出があったときは、換地処分があった旨を公告しなければなりません。公告するのは「市町村」ではありません（×）。

選択肢3について、換地計画において定められた保留地は、換地処分の公告があった日の翌日において、施行者が取得します（○）。

選択肢4について、施行者は、仮換地に使用又は収益の障害となる物件が存するときその他「特別の事情があるとき」は、その仮換地について使用又は収益を開始することができる日を仮換地の指定の効力発生の日と別に定めることができます（○）。

土地区画整理事業の主な流れは、組合施行の場合、次のようになります。

組合設立の認可・公告
↓
換地計画の決定・認可
↓
仮換地の指定
↓
換地処分・公告

※この間は、土地区画整理事業の施行の障害となるおそれがある土地の形質の変更・建築物の建築等が制限される

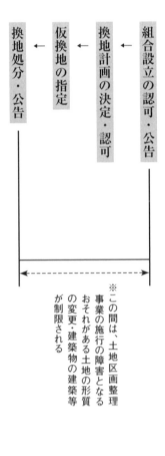

◎その他の法令

［平成29年《問22》］

次の記述のうち、正しいものはどれか。

1　津波防災地域づくりに関する法律によれば、津波防護施設区域内において土地の掘削をしようとする者は、一定の場合を除き、津波防護施設管理者の許可を受けなければならない。

2　国土利用計画法によれば、市街化区域内の３０００㎡の土地を贈与により取得した者は、２週間以内に、都道府県知事（地方自治法に基づく指定都市にあっては、当該指定都市の長）に届け出なければならない。

3　景観法によれば、景観計画区域内において建築物の新築、増築、改築又は移転をした者は、工事着手後30日以内に、その旨を景観行政団体の長に届け出なければならない。

4　道路法によれば、道路の区域が決定された後道路の供用が開始されるまでの間であっても、道路管理者が当該区域についての土地に関する権原を取得する前であれば、道路管理者の許可を受けずに、当該区域内において工作物を新築することができる。

選択肢1について、津波防護施設区域内において土地の掘削をしようとする者は、一定の場合を除き、津波防護施設管理者の許可を受けなければなりません（○）。

なお、特別警戒区域において「特定開発行為」（高齢者、障害者、乳幼児その他の特に防災上の配慮を要する者が利用する建築物の建築が予定されているもの）を行おうとする場合には、都道府県知事等の許可が必要となるので、混同しないように注意が必要です。

選択肢2について、土地の「贈与」は、対価性がないので事後届出が必要な「土地売買等の契約」に該当しません。したがって、事後届出は不要です（×）。

選択肢3について、景観計画区域内において、建築物の新築、増築、改築又は移転をしようとする者は、あらかじめ景観行政団体の長に届け出なければなりません（×）。

なお、景観行政団体とは、指定都市の区域にあっては指定都市、中核市の区域にあっては中核市、その他の区域にあっては都道府県をいいます（ただし、指定都市及び中核市以外の市町村であって「景観行政事務」を処理する市町村の区域にあっては、当該市町村をいいます）。

選択肢4について、道路の区域が決定された後、道路の供用が開始されるまでの間は、何人《なんぴと》も、道路管理者が当該区域についての土地に関する「権原を取得する前においても」、道路管理者の許可を受けなければ、当該区域内において土地の形質の変更、工作物の「新築」・改築・増築・大修繕等をすることはできません（×）。

「その他の法令」の問題は、誰が「許可権者」か、「届出先」はどこか、というものがほとんどです。詳しくは左ページ図の「許可権者・届出先」の欄を参照してください。

■その他の法令（区域・行為・許可権者・届出先）

法律名	対象・区域	対象となる行為	許可権者・届出先	
河川法	河川区域等	土地の形状変更等	許可	河川管理者
海岸法	海岸保全区域	土石・砂の採取等	許可	海岸管理者
道路法	道路予定区域	土地の形質変更等	許可	道路管理者
港湾法	港湾区域等	水域の占用等	許可	港湾管理者
大都市地域における住宅及び住宅地の供給の促進に関する特別措置法	土地区画整理促進区域 住宅街区整備促進区域	土地の形質変更、 建築物の建築等	許可	都道府県知事
都市再開発法	市街地再開発促進区域	建築物等の建築	許可	都道府県知事等 （建築許可権者）
密集市街地における防災街区の整備の促進に関する法律	施行地区	土地の形質の変更、 建築物の建築等、 移動の容易でない物件の設置・堆積	許可	都道府県知事等 （指定都市等の長）
土壌汚染対策法	形質変更時要届出区域	土地の形質の変更	**届出**	都道府県知事
土砂災害警戒区域等における土砂災害防止対策の推進に関する法律	特別警戒区域	特定開発行為	許可	都道府県知事
地すべり等防止法	地すべり防止区域	地下水の停滞等	許可	都道府県知事
急傾斜地の崩壊による災害の防止に関する法律	急傾斜地崩壊危険区域	水の放流・停滞、工作物の設置、のり切、切土、掘削、盛土等	許可	都道府県知事
津波防災地域づくりに関する法律	津波防護施設区域内	土地の掘削、盛土 又は切土等	許可	津波防護施設管理者
	特別警戒区域	特定開発行為	許可	都道府県知事等
景観法	景計画区域内	新築、増築、改築等	**届出**	景観行政団体の長
都市緑地法	特別緑地保全地区 緑地保全地域	建築物の建築等	許可 **届出**	都道府県知事等
生産緑地法	生産緑地地区	建築物の建築等	許可	市町村長
文化財保護法	重要文化財 埋蔵文化財	現状の変更等 調査目的の土地発掘	許可 **届出**	文化庁長官
自然公園法	特別地域・特別保護地区 普通地域	工作物の新築、 木竹の伐採、 土地の形状変更等	許可 **届出**	国立公園の場合 →環境大臣 国定公園の場合 →都道府県知事
森林法	保安林	立木の伐採・開発行為	許可	都道府県知事
	地域森林計画民有林	開発行為 立木の伐採	許可 **届出**	都道府県知事 市町村長
公有地の拡大の推進に関する法律	都市計画区域	一定の土地の有償譲渡	**届出**	都道府県知事等
集落地域整備法	集落地区計画の区域	土地の区画形質の変更等	**届出**	市町村長
幹線道路の沿道の整備に関する法律	沿道地区計画の区域	土地の区画形質の変更等	**届出**	市町村長
重要土地等調査法	特別注視区域	200㎡以上の土地売買契約	**届出**	内閣総理大臣

3 合格への各科目攻略③【権利関係】

合格への道

科目ごとの出題傾向を具体的に押さえよう

権利関係は、民法・借地借家法・区分所有法・不動産登記法から出題されます。各法律ごとの主な出題論点は次のようになります。

①民法……………………………………………………………出題10問

（主な出題論点）制限行為能力者、意思表示、代理、条件・期限、時効、物権変動、占有権、所有権、地上権・地役権、抵当権・根抵当権、その他の担保物権、債務不履行、債権者代位権、詐害行為取消権、多数当事者の債権債務、債権譲渡、弁済、相殺、解除、贈与、売買、使用貸借、賃貸借、請負、委任、事務管理、不当利得、不法行為、相続

②借地借家法……出題2問

（主な出題論点）借地借家法の適用関係、借地（存続期間、更新、借地権の対抗力、地代等増減請求権、建物買取請求権、土地の賃借権の譲渡又は転貸の許可、定期借地権など）、借家（更新、解約、建物賃貸借の対抗力、借賃増減請求権、造作買取請求権、定期建物賃貸借など）

③区分所有法……出題1問

（主な出題論点）区分所有者の団体、共用部分、敷地利用権、区分所有者・占有者の義務、管理者、規約及び集会、義務違反者に対する措置、復旧、建替え

④不動産登記法……出題1問

（主な出題論点）登記手続（申請・嘱託による登記、代理権の不消滅）、表示に関する登記（分筆・合筆の登記、表題登記の申請、敷地権である旨の登記、区分建物の表題登記の申請）、権利に関する登記（共同申請、登記原因証明情報の提供、敷地権付き区分建物に関する登記、所有権の保存の登記）、登記事項の証明等

◎民法

民法は、宅建士試験の科目の中で最も範囲が広く、理解するのに時間がかかる法律です。しかも、条文からだけでなく、判例からも出題されます（判例とは、主に最高裁判所の裁判で、後の裁判に対して拘束力があるものをいいます）。そのため、宅建士試験の中では最もメリハリをつけて勉強すべきであることを述べましたが、**比較的に出題頻度が高い**のは、制限行為能力者、意思表示、代理、抵当権、賃貸借、不法行為です。

それでは「制限行為能力者」から見てみましょう。

［平成28年《問2》］

制限行為能力者に関する次の記述のうち、民法の規定及び判例によれば、正しいものはどれか。

1　古着の仕入販売に関する営業を許された未成年者は、成年者と同一の行為能力を有するので、法定代理人の同意を得ないで、自己が居住するために建物を第三者から購入したとしても、その法定代理人は当該売買契約を取り消すことができない。

2　被保佐人が、不動産を売却する場合には、保佐人の同意が必要であるが、贈与の申し出を拒絶する場合には、保佐人の同意は不要である。

3　成年後見人が、成年被後見人に代わって、成年被後見人が居住している建物を売却する際、後見監督人がいる場合には、後見監督人の許可があれば足り、家庭裁判所の許可は不要である。

4　被補助人が、補助人の同意を得なければならない行為について、同意を得ていないにもかかわらず、詐術を用いて相手方に補助人の同意を得たと信じさせていたときは、被補助人は当該行為を取り消すことができない。

選択肢1について、営業を許された未成年者は、「その営業に関して」は、成年者と同一の行為能力を有します。本肢の場合、古着の仕入販売に関する営業については成年者と同一の行為能力を有しますが、建物の購入について成年者と同一の行為能力を有するわけではありません。したがって、法定代理人の同意を得ないで購入したときは、法定代理人も本人も売買契約を取り消すことができます（×）。

選択肢2について、被保佐人が一定の重要な財産上の行為をするには、保佐人の同意が必要です。被保佐人が不動産の売却を行うだけでなく、贈与の申し出を拒絶することも一定の重要な財産上の行為に含まれ、贈与の申し出を拒絶するには、保佐人の同意が必要です（×）。

選択肢3について、成年後見人が、成年被後見人に代わって、成年被後見人が居住している建物を売却するには、「家庭裁判所」の許可を得なければなりません。後見監督人がいるかどうかを問いません（×）。

選択肢4について、制限行為能力者が行為能力者であることを信じさせるため詐術《さじゅつ》を用いたときは、その行為を取り消すことができません（○）。詐術とは、制限行為能力者が行為能力者であることを信じさせるために欺すことをいいます。このような者まで制限行為能力者として保護する必要はないため、取り消すことができないとされています。

次は「意思表示」です。

［平成30年《問1》］

AがBに甲土地を売却した場合に関する次の記述のうち、民法の規定及び判例によれば、誤っているものはどれか。（法改正により一部改題）

1　甲土地につき売買代金の支払と登記の移転がなされた後、第三者の詐欺を理由に売買契約が取り消された場合、原状回復のため、BはAに登記を移転する義務を、AはBに代金を返還する義務を負い、各義務は同時履行の関係となる。

2　Aが甲土地を売却した意思表示の重要な部分に錯誤があったとしても、Aに重大な過失があって取り消しができない場合は、BもAの錯誤を理由として取り消しができない。

3　AB間の売買契約が仮装譲渡であり、その後BがCに甲土地を転売した場合、Cが仮装譲渡の事実を知らなければ、Aは、Cに虚偽表示による無効を対抗することができない。

4　Aが第三者の詐欺によってBに甲土地を売却し、その後BがDに甲土地を転売した場合、Bが第三者の詐欺の事実について善意でかつ無過失であったとしても、Dが第三者の詐欺の事実について悪意であれば、Aは詐欺を理由にAB間の売買契約を取り消すことができる。

選択肢1について、売買契約が詐欺を理由として取り消された場合、原状回復のため買主は登記移転義務、売主は代金返還義務を負い、双方の原状回復義務は、同時履行の関係となるとするのが判例です（◯）。

選択肢2について、錯誤による意思表示の取消しは、その錯誤が表意者の重大な過失によるものであった場合は、表意者（A）は原則として取り消すことができません。また、錯誤による意思表示の取消しは、取消原因を有する者を保護する制度であるから、錯誤による意思表示をした者やその関係者（代理人や承継人）しか行使できません（詐欺・強迫も同様）。したがって、相手方Bも錯誤を理由とした取消しはできません（◯）。

選択肢3について、相手方と通じてした虚偽の意思表示（虚偽表示）は無効ですが、その無効を善意の第三者に対抗することはできません。本肢において、AB間の仮装譲渡は虚偽表示に該当するので無効ですが、Cが善意であれば、Aは、Cに虚偽表示による無効を対抗することができません（◯）。

選択肢4について、第三者が詐欺を行った場合には、表意者は、相手方が悪意又は有過失の場合に限り、その意思表示を取り消すことができます。本肢において、表意者Aの相手方Bが善意・無過失である場合には、転得者Dの善意・悪意を問わず、Aは、AB間の売買契約取り消すことができません（×）。

本問では、意思表示の種類として、詐欺（肢1・4）、錯誤（肢2）、虚偽表示（肢3）の3つが問題となっていますが、民法の問題は、契約当事者の関係にあるA・B、さらに第三者C（さらに転得者D）というような事例式問題がほとんどです。登場人物が多くなると問題文を読み違えてしまうことがありますので、日頃から左のような簡単な関係図を描くクセをつけるようにしましょう。

■**第三者の詐欺**（肢1）

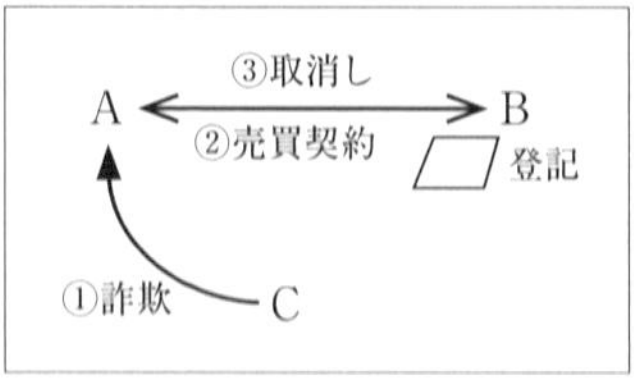

■**第三者の詐欺**（肢4）

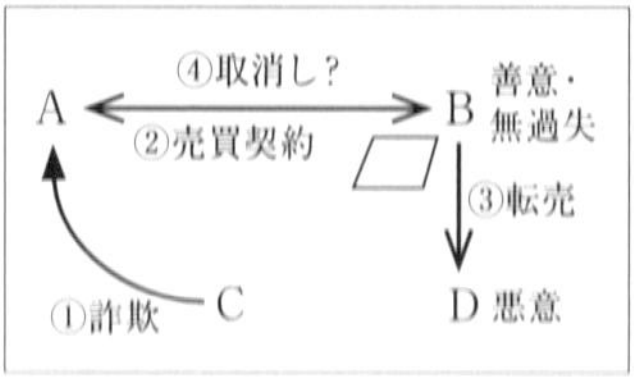

■**錯誤**（肢2）

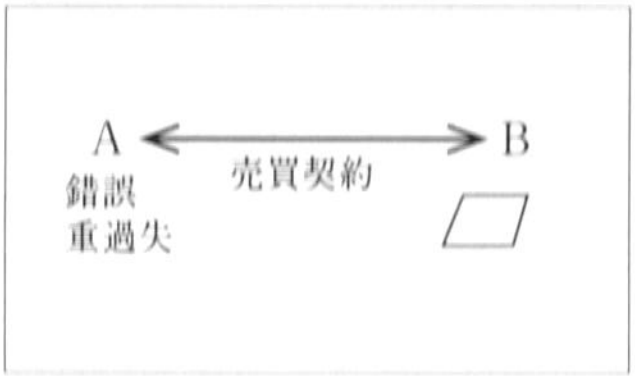

■**虚偽表示**（肢3）

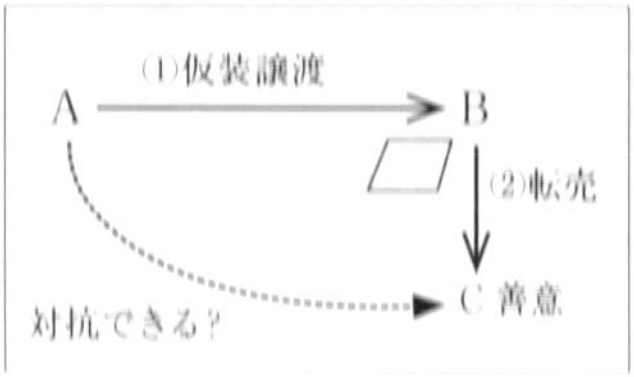

次は「代理」です。

【平成30年《問2》】

Aが、所有する甲土地の売却に関する代理権をBに授与し、BがCとの間で、Aを売主、Cを買主とする甲土地の売買契約（以下この問において「本件契約」という。）を締結した場合における次の記述のうち、民法の規定及び判例によれば、正しいものはどれか。

1　Bが売買代金を着服する意図で本件契約を締結し、Cが本件契約の締結時点でこのことを知っていた場合であっても、本件契約の効果はAに帰属する。

2　AがBに代理権を授与するより前にBが補助開始の審判を受けていた場合、Bは有効に代理権を取得することができない。

3　BがCの代理人にもなって本件契約を成立させた場合、Aの許諾の有無にかかわらず、本件契約は無効となる。

4　AがBに代理権を授与した後にBが後見開始の審判を受け、その後に本件契約が締結された場合、Bによる本件契約の締結は無権代理行為となる。

選択肢1について、代理人が代理権の範囲内で法律行為をした場合、本人に効果が帰属するのが原則ですが、代理人が自己又は第三者の利益を図るために代理権を濫用した場合、相手方が代理人の目的を知り（悪意）、又は知ることができたとき（有過失）は、その行為は代理権を有しない者がした行為（無権代理行為）とされます。したがって、Cが契約締結時に代理人Bの真意を知っていた場合には、無権代理行為となるため、契約の効果は本人Aに帰属しません（×）。

選択肢2について、制限行為能力者が代理人としてした行為は、行為能力の制限によっては取り消すことができません。制限行為能力者を代理人に選任した場合でも、代理行為の効果は本人に帰属し、制限行為能力者の不利益にならないからです。Bは、Aが代理権を授与する時点で制限行為能力者ですが、有効に代理権を取得することができます（×）。

選択肢3について、双方代理は本人又は相手方の利益を害するおそれがあるため、原則として禁止され、双方代理を行った場合、無権代理となり、無効となります。ただし、例外的に、あらかじめ本人の許諾があるとき又は債務の履行の場合は、双方代理も有効となります。したがって、Aの許諾の有無にかかわらず、無効となるという記述は誤りです（×）。

選択肢4について、代理人が後見開始の審判を受けたことは、代理権の消滅事由です。Bは後見開始の審判を受けた後に契約を締結しているので、Bによる契約締結は無権代理行為となります（◯）。

本問の選択肢1以外は基本的な問題です。ただし、選択肢2と選択肢4を混同しないように注意が必要です。

選択肢2は、制限行為能力者でも代理人になることができるということ、本人が制限行為能力者を代理人としたのだからそのリスクも本人が甘受すべきであり、本人は代理人の制限行為能力を理由に取り消すことができないという内容です。

これに対し、選択肢4は、成年被後見人でない者を代理人に選んだ後に、その代理人が後見開始の審判を受けた（成年被後見人となった）場合には、代理権が消滅するので無権代理行為になるという内容です。これは、成年被後見人が、日用品の購入その他日常生活に関する行為を除いて単独では有効な法律行為ができないためです。

以上の理由を本試験で考えていると試験時間が終了してしまうので、本試験では、問題を一読して反射的に正誤の判断ができるレベルまで持っていく必要があります。

次は「抵当権」です。

［平成28年《問4》］

Aは、A所有の甲土地にBから借り入れた3000万円の担保として抵当権を設定した。この場合における次の記述のうち、民法の規定及び判例によれば、誤っているものはどれか。

1　Aが甲土地に抵当権を設定した当時、甲土地上にA所有の建物があり、当該建物をAがCに売却した後、Bの抵当権が実行されてDが甲土地を競落した場合、DはCに対して、甲土地の明渡しを求めることはできない。

2　甲土地上の建物が火災によって焼失してしまったが、当該建物に火災保険が付されていた場合、Bは、甲土地の抵当権に基づき、この火災保険契約に基づく損害保険金を請求することができる。

3　AがEから500万円を借り入れ、これを担保するために甲土地にEを抵当権者とする第2順位の抵当権を設定した場合、BとEが抵当権の順位を変更することに合意すれば、Aの同意がなくても、甲土地の抵当権の順位を変更することができる。

4　Bの抵当権設定後、Aが第三者であるFに甲土地を売却した場合、FはBに対して、民法第383条所定の書面を送付して抵当権の消滅を請求することができる。

選択肢1について、法定地上権が成立するためには、

①抵当権設定当時、土地上に建物が存在し、

②抵当権設定当時、土地と建物の所有者が同一人であり、

③土地・建物の一方又は双方に抵当権が設定され、

④抵当権の実行により土地と建物の所有者が別になったこと

が必要です。本肢の場合、法定地上権成立のためのすべての要件を満たしており、建物のために法定地上権が成立します。したがって、DはCに対して、甲土地の明渡しを求めることはできません（〇）。

選択肢2について、抵当権には物上代位性があるので、抵当権の目的物である建物が火災によって焼失し、火災保険損害保険金に転じたときは、火災保険損害保険金から優先弁済を受けることができます（ただし、物上代位するには火災保険金が払い渡される前にこれを差し押さえる必要があります）。しかし、本肢の場合、土地に抵当権が設定されており、土地と建物は別個の

不動産であるので、抵当権の効力は建物には及びません。したがって、Bは、抵当権の物上代位性に基づき、火災保険損害保険金を請求することはできません（×）。

選択肢3について、抵当権の順位の変更とは、例えば、

《A（第1順位）・B（第2順位）・C（第3順位）》

となっていた抵当権者の順位を、

《C（第1順位）・B（第2順位）・A（第3順位）》

に変更するように、順位だけを入れ替えることをいいます。抵当権の順位の変更をするには各抵当権者の合意が必要であり、利害関係を有する者があるときは、その承諾を得なければなりませんが、債務者や抵当権設定者は利害関係を有する者に該当せず、その同意は不要です。順位を変更しても債務者や抵当権設定者に不利益はないからです（〇）。

選択肢4について、抵当不動産の所有権を取得した者（第三取得者）は、抵当権者（債権者）に対し、抵当不動産の代価等を記載した書面（民法第383条所定の書面）を送付して抵当権消

滅請求をすることができます（〇）。

抵当権の問題は、ほぼ毎年出題されています。

本問は、法定地上権（肢1）、物上代位（肢2）、抵当権の順位の変更（肢3）、抵当権消滅請求（肢4）という論点を問う問題ですが、選択肢3を除き、比較的によく出題される論点です。

最後に、売買の問題を見てみましょう。

［令和6年《問4》］

Aを売主、Bを買主として甲土地の売買契約（以下この問において「本件契約」という。）が締結された直後にAが死亡し、CがAを単独相続した場合における次の記述のうち、民法の規定によれば、正しいものはどれか。

1　売買代金を受領したCが甲土地の引渡しを拒絶する意思を明確に表示したとしても、Bは、Cに対して相当の期間を定めた催告をしなければ、本件契約を解除することができない。

2　Bが期日までに売買代金を支払わない場合であっても、本件契約の解除権はAの一身に専属した権利であるため、Cは本件契約を解除することはできない。

3　Bは、売買代金が支払い済みだったとしても、甲土地の所有権登記を備えなければ、Cに対して甲土地の引渡しを請求することはできない。

4　本件契約が、Aの詐欺により締結されたものである場合、BはCに対して、本件契約の取消しを主張することができる。

選択肢1について、債務者が債務の履行を拒絶する意思を明確に表示したときは、債権者は、催告をすることなく、直ちに契約を解除することができます（無催告解除）。CはAを相続することによってAの売主（債務者）の地位を承継するので、Bは、Cに対して催告をすることなく契約を解除することができます（×）。

選択肢2について、当事者の一方が債務を履行しない場合、相手方は相当の期間を定めて履行の催告をし、その期間内に履行がないときは、相手方は、契約の解除をすることができます。債務不履行による契約の解除権は、「債権者」が行使できるのであって、Aの一身に専属する権利ではありません。Cは、Aを相続することによってAの売主（代金についての「債権者」）の地位を承継するので、契約を解除することができます（×）。

選択肢3について、CはAを相続することによってAの売主の地位を承継するので、CとBは、契約の当事者（売主・買主）の関係にあり、Bは、甲土地の所有権登記を備えなくても、Cに対して甲土地の引渡しを請求することができます（×）。

選択肢4について、CはAを相続することによってAの売主の地位を承継します。買主Bは、売主Aの詐欺により契約を締結した場合、売主の地位を承継したCに対して、契約の取消しを主張することができます（○）。

本問は、売買に相続を絡めて複数の論点が問題となっています。選択肢1と選択肢2は解除、選択肢3は不動産物権変動、選択肢4は意思表示に関する知識が必要となります。

このような複数の論点を訊く横断的な問題は、単独の論点を学習するだけでは対応が難しいので、実際に過去問を解くなどして慣れるのが一番の方法です。

◎借地借家法

まず「借地」から見てみましょう。

［令和6年《問11》］

建物の所有を目的とする土地の賃貸借契約（一時使用目的の借地契約を除く。）に関する次の記述のうち、借地借家法の規定によれば、正しいものはどれか。

1　専ら事業の用に供する建物（居住の用に供するものを除く。）の所有を目的とし、存続期間を20年として借地権を設定する場合、建物買取請求権の規定は適用されず、また、その契約は、公正証書による等書面によってしなければならない。

2　居住の用に供する建物の所有を目的として借地権を設定する場合において、借地権を消滅させる目的で、その設定後30年を経過した日に借地権の目的である土地の上の建物を借地権設定者に相当の対価で譲渡する旨の特約を定めても、この特約は無効である。

3　借地権を設定する場合において、存続期間を定めなかったときは、その期間は30年となる。

4　当事者が借地権の設定後に最初に借地契約を更新する場合において、存続期間を定めなかったときは、その期間は更新の日から10年となる。

選択肢1について、専ら事業の用に供する建物（居住の用に供するものを除く。）の所有を目的と借地権（事業用借地権）を存続期間「10年以上30年未満」で設定する場合、建物買取請求権の規定は適用されません。この事業用借地権の設定契約は、「公正証書」によってしなければなりません。「公正証書による等書面」という場合、公正証書以外の書面も含まれることになるので、誤りとなります（×）。

選択肢2について、借地権を消滅させるため、その設定後30年以上を経過した日に借地権の目的である土地の上の建物を借地権設定者に相当の対価で譲渡する旨を特約で定めることができます。これを「建物譲渡特約付借地権」といい、このような特約も有効です（×）。

選択肢3について、借地権の存続期間は30年以上でなければならず、存続期間を定めなかったときは、その期間は30年となります（○）。

選択肢4について、借地権の設定後に借地契約を更新する場合、「最初の更新」の場合、存続期間を定めなかったときは、その期間は更新の日から「20年」となります（×）。二度目の更新以降、期間を定めなかったときは、更新の日から「10年」となります。ただし、これより長い期間を定めたときは、その期間となります。

次は「借家」です。

［令和6年《問12》］

Ａ賃貸人Ａと賃借人Ｂとが、居住目的で期間を3年として、借地借家法第38条の定期建物賃貸借契約（以下この問において「契約①」という。）を締結した場合と、定期建物賃貸借契約でも一時使用目的の賃貸借契約でもない普通建物賃貸借契約（以下この問において「契約②」という。）を締結した場合とに関する次の記述のうち、借地借家法の規定によれば、正しいものはどれか。

1　Ｂが建物の引渡しを受けた後にＡが建物をＣに売却して建物所有者がＣに変わった場合、Ｂは、契約①の場合ではＣに対して賃借人であることを主張できるが、契約②

の場合ではCに対して賃借人であることを主張できない。

2　契約期間中は賃料の改定を行わない旨の特約を契約において定めていても、契約期間中に賃料が不相当になったと考えるに至ったBは、契約①の場合も契約②の場合も、借地借家法第32条に基づく賃料減額請求をすることができる。

3　Bが契約期間中に相続人なしで死亡した場合において、婚姻はしていないが事実上夫婦と同様の関係にあった同居者Dがあるときは、契約①の場合も契約②の場合も、Aに反対の意思表示をしないDは、建物の賃貸借契約に関し、Bの権利義務を承継する。

4　契約①の場合、公正証書によって契約をするときに限り契約の更新がないことを有効に定めることができ、契約②の場合、書面で契約し、かつ、Aに正当な理由がない限り、Aは契約の更新を拒絶することができなくなる。

選択肢1について、建物の賃貸借は、その登記がなくても、建物の引渡しがあったときは、その後その建物について物権を取得した者に対し、建物の賃貸借を対抗（主張）することができます。この引渡しによる建物賃貸借の対抗力は、定期建物賃貸借（①）、普通建物賃貸借（②）を問いません（×）。なお、定期建物賃貸借とは、期間の定めがある建物賃貸借で、契約の更新のないことを特約で定めたものをいいます。

選択肢2について、建物の賃料が経済事情の変動により、又は近傍同種の建物の賃料に比較して不相当となったときは、当事者は、将来に向かって賃料の増減を請求することができます。

定期建物賃貸借（①）では、賃料の改定について特約があるときは、その特約に従い、賃料増減請求権に関する規定は適用されません。一方、普通建物賃貸借（②）では、契約期間中は賃料の改定を行わない旨の特約を定めていても、賃料の増減を請求することができます（ただし、賃料を増額しない旨の特約がある場合には、その定めに従います）。

したがって、契約期間中は賃料の改定を行わない旨の特約を定めている場合、Bは、定期建物賃貸借（①）では、賃料減額請求をすることができませんが、普通建物賃貸借（②）では、賃料減額請求をすることができます（×）。

選択肢3について、居住用の建物の賃借人が相続人なしに死亡した場合において、その当時婚姻又は縁組の届出をしていないが、建物の「賃借人と事実上夫婦又は養親子と同様の関係にあった同居者」があるときは、その同居者は、賃借人が相続人なしに死亡したことを知った後1ヵ月以内に賃貸人に反対の意思を表示した場合を除き、建物の賃借人の権利義務を承継します（居住用建物の賃貸借の承継）。この居住用建物の賃貸借の承継は、定期建物賃貸借（①）、普通建物賃貸借（②）を問いません（〇）。

選択肢4について、定期建物賃貸借（①）の契約は、要式契約であり、公正証書による等「書面」によって契約をするときに限り（必ずしも公正証書でなくてもよい）、契約の更新がないことを有効に定めることができます。一方、普通建物賃貸借（②）の契約は、不要式契約であり、口頭による契約も有効であり、口頭による契約の場合も、Aに正当な理由がない限り、Aは契約の更新を拒絶することができません。定期建物賃貸借（①）についての記述、普通建物賃貸借（②）についての記述ともに誤っています（×）。

本問は、定期建物賃貸借と普通建物賃貸借を比較する問題ですが、このような比較問題の対策としては、実際に過去問を解いて確認するのが有効です。

■定期建物賃貸借の内容

①**建物の種類**……制限なし

②**期間**……制限なし

③**特約の内容**……契約の更新がないこととする旨を定めること

④**契約・特約の方式**……書面によって契約をすること（公正証書でなくてもよい）

⑤**特約の説明**……あらかじめ賃借人に対し、書面を交付して説明すること（説明しなかったときは、契約の更新がない旨の定めは無効）

⑥**通知義務**……存続期間を1年以上と定めた場合、期間満了の1年前から6ヵ月前までの間（通知期間）に、賃借人に賃貸借契約が終了する旨を通知すること

⑦**賃借人の中途解約権**……居住用建物（床面積200㎡未満のものに限る）の賃貸借で、賃借人が転勤、療養、親族の介護その他やむを得ない事情により自己の生活の本拠として使用することが困難となったときは、解約の申入れをすることができる（解約申入れの日から1ヵ月後に契約は終了する）。

⑧**賃借人に不利な特約**……上記⑥、⑦に反する賃借人に不利な特約（通知期間を短縮する特約や賃借人の中途解約権を排除する特約など）は無効である。

◎区分所有法

区分所有法の中で出題頻度が高い「集会」の出題例を見てみましょう。

〔令和元年《問13》〕

建物の区分所有等に関する法律（以下この問において「法」という。）に関する次の記述のうち、正しいものはどれか。

1 専有部分が数人の共有に属するときは、共有者は、集会においてそれぞれ議決権を行使することができる。

2 区分所有者の承諾を得て専有部分を占有する者は、会議の目的たる事項につき利害関係を有する場合には、集会に出席して議決権を行使することができる。

3 集会においては、規約に別段の定めがある場合及び別段の決議をした場合を除いて、管理者又は集会を招集した区分所有者の1人が議長となる。

4 集会の議事は、法又は規約に別段の定めがない限り、区分所有者及び議決権の各4分の3以上の多数で決する。

選択肢1について、専有部分が数人の共有に属するときは、共有者は、議決権を行使すべき者1人を定めなければなりません。それぞれ議決権を行使できるのではありません（×）。

選択肢2について、区分所有者の承諾を得て専有部分を占有する者は、会議の目的たる事項につき利害関係を有する場合には、集会に出席して意見を述べることはできますが、議決権を行使することはできません。議決権を行使できるのは、区分所有者に限られます（×）。

選択肢3について、集会においては、規約に別段の定めがある場合及び別段の決議をした場合を除いて、管理者又は集会を招集した区分所有者の1人が議長となります（○）。

選択肢4について、集会の議事は、区分所有法又は規約に別段の定めがない限り、区分所有者及び議決権の各「過半数」で決します（×）。

本問の選択肢1～3は、過去繰り返し出題されています。選択肢4については、集会の決議事項には、区分所有法に特別の定数（4分の3又は5分の4）が定められている事項（特別決議事項）と、集会の決議で決する旨のみを定め、特別の定数が定められていない事項（普通決議事項）があり、普通決議事項については、区分所有者及び議決権の各過半数によることを原則としていることは基本事項ですから、押さえておく必要があります。

◎不動産登記法

不動産登記法は、表示に関する登記、権利に関する登記を問わず、さまざまな論点から出題されます。

[令和5年《問14》]

不動産の登記に関する次の記述のうち、不動産登記法の規定によれば、誤っているものはどれか。

1　建物が滅失したときは、表題部所有者又は所有権の登記名義人は、その滅失の日から1か月以内に、当該建物の滅失の登記を申請しなければならない。

2　何人も、理由の有無にかかわらず、登記官に対し、手数料を納付して、登記簿の附属書類である申請書を閲覧することができる。

3　共有物分割禁止の定めに係る権利の変更の登記の申請は、当該権利の共有者である全ての登記名義人が共同してしなければならない。

4　区分建物の所有権の保存の登記は、表題部所有者から所有権を取得した者も、申請することができる。

選択肢1について、建物が滅失したときは、表題部所有者又は所有権の登記名義人は、その滅失の日から1か月以内に、当該建物の滅失の登記を申請（建物の滅失の登記の申請）しなければなりません（○）。

選択肢2について、何人も、「正当な理由」があるときは、登記官に対し、手数料を納付して、土地所在図等の政令で定める「図面」を除き、登記簿の附属書類の全部又は一部（その正当な理由があると認められる部分に限る。）の閲覧を請求することができます。

附属書類のうち、土地所在図等の「図面」については、何人も、手数料を納付して、閲覧を請求することができますが、「申請書」については、「正当な理由」がなければ閲覧を請求することができません（×）。

選択肢3について、共有物分割禁止の定めに係る権利の変更の登記の申請は、当該権利の共有者である全ての登記名義人が共同してしなければなりません（○）。

この共有物分割禁止の定めに係る権利の変更の登記は、いったん共有名義の登記をした後に、共有物分割禁止の定めの登記をする場合に、登記権利者と登記義務者を明確に区別することができないことから、共有者全員で申請することとしたものです。

選択肢4について、所有権の保存の登記を申請することができるのは、表題部所有者又はその相続人その他の一般承継人や所有権を有することが確定判決によって確認された者など一定の者に限られますが、区分建物の所有権の保存の登記は、表題部所有者（マンション分譲業者）から所有権を取得した者（購入者）も、申請することができます（○）。

不動産登記法は、範囲が広く、さまざまな事項が問われているため、過去問学習は必要ではありますが、過去何年分の問題を解けばよいというものではありません。

過去問を踏まえたテキスト等に目を通しておく必要があります。

4

合格への各科目攻略④【税その他】

合格への道

科目ごとの出題傾向を具体的に押さえよう

税その他は、地方税・国税・地価公示法・不動産鑑定評価基準・住宅金融支援機構・景品表示法・統計・土地・建物から出題されます。

各項目ごとの主な出題論点は次のようになります。

①地方税……………………………………出題1問

（主な出題論点）

■**不動産取得税**……納税方法（普通徴収）、課税対象（不動産の取得とは）、形式的な所有権の移転等に対する非課税、免税点、新築家屋の取得の日等に係る特例、新築住宅を取得した場合の課税標準の特例、宅地等を取得した場合の課税標準の特例、標準税率、国等に対する不動産取得税の非課税

■**固定資産税**……納税義務者、固定資産評価基準、居住用超高層建築物（タワーマンション）の階層別補正、住宅用地の課税標準の特例、審査の申出、縦覧制度、閲覧制度、住宅用地に対する課税標準の特例、新築住宅に係る固定資産税の減額、標準税率、区分所有家屋の土地に対する固定資産税、免税点、非課税独立行政法人

②国税……………………………………………出題1問

（主な出題論点）

■**所得税**……収用交換等の5000万円特別控除、居住用財産を譲渡した場合の3000万円特別控除、居住用財産を譲渡した場合の軽減税率の特例、譲渡所得（資産の譲渡）、取得費、時価による譲渡とみなす低額譲渡

■**印紙税**……過怠税、記載金額、非課税文書、消印、仲介人の所持する契約書、同一の号に属する二以上の課税事項の記載があるもの、消費税額等が明らかな場合、変更契約書の記載金額、記載金額のない契約書、課税文書の納税義務者

■**登録免許税**……住宅用家屋に係る税率軽減措置

■**贈与税・相続税**……直系尊属から住宅取得等資金の贈与を受けた場合の非課税、住宅取得等資金の贈与を受けた場合の相続時精算課税の特例

③地価公示法・不動産鑑定評価基準……出題1問

（主な出題論点）

■**地価公示法**……公示価格の効力、公示区域、標準地の選定、正常な価格、標準地の価格等の公示、標準地の価格の判定等、公示価格を規準とすることの意義

■**不動産鑑定評価基準**……最有効使用の原則、原価法、取引事例比較法、収益還元法、鑑定評価の手法の適用、正常価格、限定価格、特殊価格、同一需給圏、取引事例等、標準地についての鑑定評価の基準、価格形成要因

④住宅金融支援機構……出題1問

（主な出題論点）証券化支援業務、融資業務、住宅融資保険業務、団体信用生命保険業務、貸付金の償還期間等、優良住宅取得支援制度、貸付けの条件の変更等、死亡時一括返済制度

⑤不当景品類及び不当表示防止法・景品規約、表示規約……出題1問

（主な出題論点）

■**景品表示法**……景品類の制限及び禁止、優良誤認表示、措置命令

■**景品規約**……懸賞によらないで提供する景品類

■表示規約……広告開始時期、特定事項の明示義務、不当表示の禁止

⑥統計……出題1問

（主な出題論点）地価公示、建築着工統計、土地取引件数、宅地建物取引業者数、法人企業統計

⑦土地……出題1問

（主な出題論点）扇状地、台地、台地の縁辺部、段丘、台地・段丘上の浅い谷の埋立地、旧河道、旧天井川、三角州、低湿地、埋立地、干拓地、地すべり地形、断層地形、まさ土、土石流、液状化現象、等高線

⑧建物……出題1問

（主な出題論点）木材の強度、集成材、木造、鉄筋の引っ張強度、コンクリートの圧縮強度、鉄筋コンクリート造、鉄骨造、鉄骨鉄筋コンクリート造、ブロック造、耐震・制震・免震、基礎の種類、モルタル、骨材、コンクリートの中性化、ラーメン構造、トラス式構造、アーチ式構造、壁式構造、構造計算適合性判定

まず、「地方税」（不動産取得税、固定資産税）について確認してみます。

◎不動産取得税

「不動産取得税」で比較的よく出題されるのが「不動産の取得」の意味、非課税、課税標準に関するものです。

出題例を見てみましょう。

［令和6年《問24》］

不動産取得税に関する次の記述のうち、正しいものはどれか。

1　不動産取得税の課税標準は、不動産を取得した時における当該不動産の売買価格であるから、固定資産税の課税標準である固定資産の評価額とは異なるものである。

2　不動産取得税の課税標準となるべき額が、土地の取得にあっては10万円、家屋の取得のうち建築に係るものにあっては1戸につき23万円、その他のものにあっては1戸につき12万円に満たない場合においては、不動産取得税が課されない。

3　不動産取得税は、不動産の取得に対して課される税であるので、法人の合併により不動産を取得した場合においても、不動産取得税が課される。
4　令和6年4月に個人が取得した住宅及び住宅用地に係る不動産取得税の税率は3％であるが、住宅以外の家屋及び土地に係る不動産取得税の税率は4％である。

選択肢1について、課税標準とは、何を基準に課税するか、その基準となる価額のことであり、原則として、税額は課税標準に税率を掛けて計算します。

不動産取得税の課税標準は、不動産を取得した時における不動産の価格とされ、その場合の不動産の価格とは、原則として、固定資産課税台帳に登録されている価格（固定資産税評価額）とされます。したがって、不動産取得税の課税標準は、原則として、固定資産税の課税標準である固定資産の評価額と「同じ」ということになります（×）。


選択肢2について、課税標準が少額（一定額未満）であるため、課税されない価額のことを「免税点」といいます。

不動産取得税の免税点は、土地の取得にあっては10万円、家屋の取得のうち建築に係るものにあっては1戸につき23万円、その他のものにあっては1戸につき12万円であり、この価額に満たない場合には、不動産取得税が課されません（○）。

選択肢3について、不動産取得税は、形式的な所有権の移転の場合には、課税されません（非課税）。

法人の合併による不動産の取得は形式的な所有権の移転に該当し、不動産取得税は非課税となります（×）。

選択肢4について、不動産取得税の標準税率は4％ですが、「住宅又は土地」の取得については3％とする特例が適用されます。

したがって、住宅以外の家屋の税率は4％ですが、「土地」の税率は3％となります（×）。

本問は、どの選択肢も基本的な知識があれば正解できる問題です。

◎固定資産税

［令和4年《問24》］

固定資産税に関する次の記述のうち、正しいものはどれか。

1　固定資産税の徴収については、特別徴収の方法によらなければならない。

2　土地価格等縦覧帳簿及び家屋価格等縦覧帳簿の縦覧期間は、毎年4月1日から、4月20日又は当該年度の最初の納期限の日のいずれか遅い日以後の日までの間である。

3　固定資産税の賦課期日は、市町村の条例で定めることとされている。

4　固定資産税は、固定資産の所有者に課するのが原則であるが、固定資産が賃借されている場合は、当該固定資産の賃借権者に対して課される。

選択肢1について、固定資産税の徴収については、「普通徴収」の方法によらなければなりません(×)。普通徴収の方法とは、徴税吏員が納税通知書を交付して徴収する方法をいいます。なお、「特別徴収」の方法とは、事業者（給与支払者）などに徴収させ、市町村に納入させる方法をいいます。

選択肢2について、土地価格等縦覧帳簿及び家屋価格等縦覧帳簿の縦覧期間は、毎年4月1日から、4月20日又は当該年度の最初の納期限の日のいずれか遅い日以後の日までの間とされます（○）。

選択肢3について、固定資産税の賦課期日（毎年1月1日）は、「地方税法」で定められており、市町村の条例で定めるのではありません（×）。

選択肢4について、固定資産税は、原則として、固定資産の所有者に課されますが、質権、または100年より永い存続期間の定めがある地上権が設定されている場合には、その質権者、または地上権者に課されます。したがって、賃借権者に対しては課されません（×）。

固定資産税については、課税標準の特例と税額控除の特例も重要です。課税標準の特例としては、「住宅用地に対する課税標準の特例」を押さえておく必要があります。

■住宅用地に対する課税標準の特例

小規模住宅用地（200㎡以下）……………固定資産課税台帳の登録価格×1／6
一般の住宅用地（200㎡を超える部分）……固定資産課税台帳の登録価格×1／3

税額控除の特例としては、「新築住宅の税額控除（減額）の特例」を押さえておく必要があります。

■新築住宅の税額控除の特例

（種類）	（控除期間）	（控除額）
新築住宅※	新築後3年間	固定資産税額の2分の1相当額
中高層耐火建築物※（地上階数3以上）	新築後5年間	固定資産税額の2分の1相当額

※床面積50㎡（戸建以外の貸家住宅は40㎡）以上280㎡以下で居住用部分の割合が2分の1以上が適用要件とされ、住宅部分の床面積が120㎡を超える場合は、120㎡を限度として特例が適用される。

次に「国税」です。

国税については、所得税・印紙税・登録免許税・贈与税・相続税から1問が出題されるため、地方税（不動産取得税・固定資産税）ほど簡単ではありません。特に、所得税は範囲が広く、出題論点も多岐にわたります。

まず、「所得税」の出題例を見てみましょう。

◎所得税

［令和元年《問23》］

個人が令和6年中に令和6年1月1日において所有期間が10年を超える居住用財産を譲渡した場合のその譲渡に係る譲渡所得の課税に関する次の記述のうち、誤っているものはどれか。（一部改題）

1　その譲渡について収用交換等の場合の譲渡所得等の5000万円特別控除の適用を

受ける場合であっても、その特別控除後の譲渡益について、居住用財産を譲渡した場合の軽減税率の特例の適用を受けることができる。

2　居住用財産を譲渡した場合の軽減税率の特例は、その個人が令和4年において既《すで》にその特例の適用を受けている場合であっても、令和6年中の譲渡による譲渡益について適用を受けることができる。

3　居住用財産の譲渡所得の3000万円特別控除は、その個人がその個人と生計を一にしていない孫に譲渡した場合には、適用を受けることができない。

4　その譲渡について収用等に伴い代替資産を取得した場合の課税の特例の適用を受ける場合には、その譲渡があったものとされる部分の譲渡益について、居住用財産を譲渡した場合の軽減税率の特例の適用を受けることができない。

選択肢1について、収用交換等の場合の5000万円特別控除と居住用財産を譲渡した場合の軽減税率の特例は、併用することができます（○）。

選択肢2について、居住用財産を譲渡した場合の軽減税率の特例は、譲渡した年の前年又は前々年において、この特例の適用を受けていないことが必要です。したがって、令和6年に譲渡した場合、前々年（令和4年）においてすでにその特例の適用を受けているときには、特例の適用を受けることはできません（✕）。

選択肢3について、居住用財産の譲渡所得の3000万円特別控除は、直系血族である孫に譲渡した場合には、適用を受けることができません（◯）。

選択肢4について、収用等に伴い代替資産を取得した場合の課税の特例（課税の繰延べ）と居住用財産を譲渡した場合の軽減税率の特例は、選択適用となります（◯）。

ここでまず、所得税の譲渡所得税の仕組みを理解しておきましょう。

譲渡所得税は、土地や建物などの資産を譲渡した場合の譲渡益（譲渡所得）に対して課される税です。

例えば、建物を5000万円で売却した場合、収入金額（売却金額）は5000万円ですが、その建物の購入費用や建築費用、不動産取得税など取得費用がかかっているわけです。

また、その建物を譲渡する際の仲介料や立退料等の譲渡費用もかかっています。

そこで、譲渡益（譲渡所得）を出すために、まず、これらの取得費用や譲渡費用を控除します。

収入金額（売却金額）−（取得費用＋譲渡費用）＝譲渡益（譲渡所得）

しかし、この譲渡益（譲渡所得）にそのまま課税するのではなく、資産の譲渡の種類によって「特別控除」という制度が設けられており、譲渡益（譲渡所得）から控除することができます。

例えば、居住用財産の譲渡であれば３０００万円特別控除、
　収用交換等における譲渡であれば５０００万円特別控除
が認められ、譲渡益（譲渡所得）から特別控除額を控除したものに課税されます。

収入金額（売却金額）−（取得費用＋譲渡費用）−特別控除額＝課税譲渡所得金額

そして、**課税譲渡所得金額×税率**（※）＝**税額**が納付税額となります。

※税率は、短期譲渡（譲渡した年の1月1日現在において所有期間が5年以下）と長期譲渡（譲渡した年の1月1日現在において所有期間が5年を超える）で異なる。

譲渡所得税で出題が多いのは、本問のような①特別控除や②軽減税率の特例の適用要件（肢2・3）、①と②の併用の可否に関する問題（肢1・4）です。

さらに、譲渡所得は、譲渡益（譲渡所得）に対して課税するという考え方のため、例えば居住用財産を買い換えて譲渡益（譲渡所得）がマイナスになった場合には、課税を先延ばしにする「繰《くり》延《の》べ」の制度（肢4）が設けられています。

■特例の相互関係（収用交換等の場合）

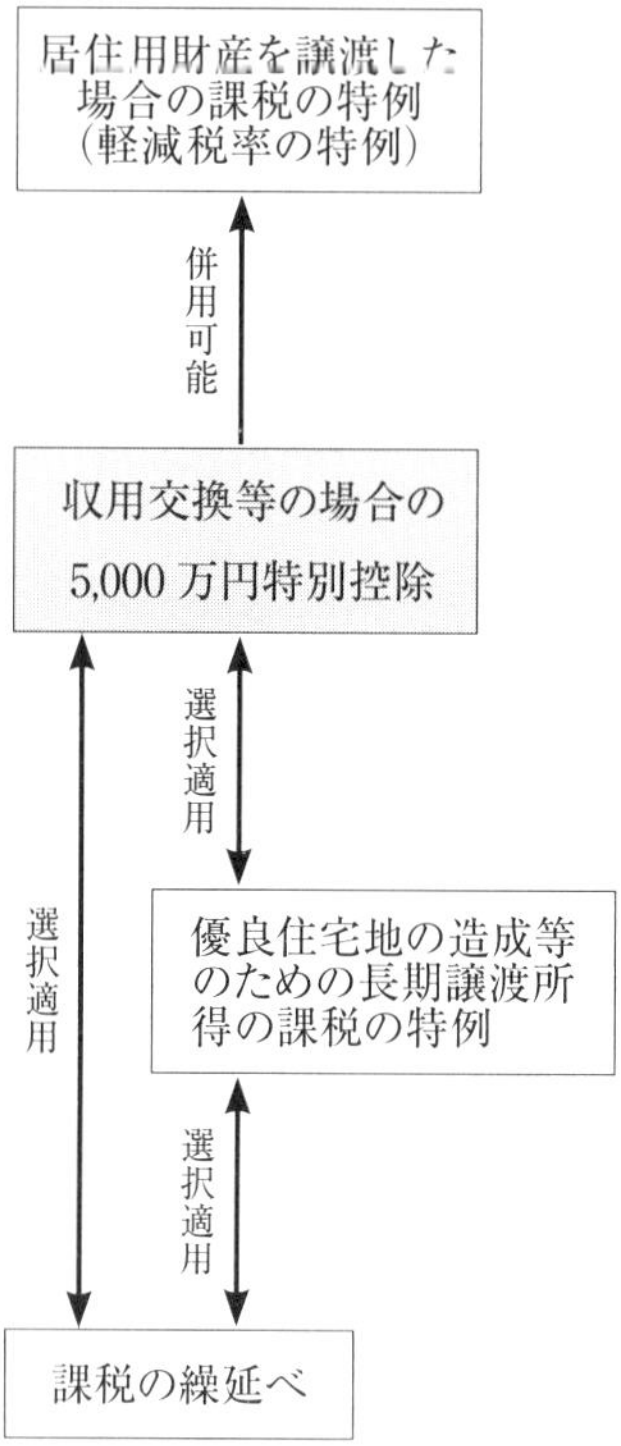

◎印紙税

［令和5年《問23》］

印紙税に関する次の記述のうち、正しいものはどれか。なお、以下の契約書はいずれも書面により作成されたものとする。

1　売主Aと買主Bが土地の譲渡契約書を3通作成し、A、B及び仲介人Cがそれぞれ1通ずつ保存する場合、当該契約書3通には印紙税が課される。

2　一の契約書に土地の譲渡契約（譲渡金額５０００万円）と建物の建築請負契約（請負金額６０００万円）をそれぞれ区分して記載した場合、印紙税の課税標準となる当該契約書の記載金額は1億１０００万円である。

3　「Dの所有する甲土地（時価２０００万円）をEに贈与する」旨を記載した贈与契約書を作成した場合、印紙税の課税標準となる当該契約書の記載金額は、２０００万円である。

4　当初作成の「土地を1億円で譲渡する」旨を記載した土地譲渡契約書の契約金額を

変更するために作成する契約書で、「当初の契約書の契約金額を1000万円減額し、9000万円とする」旨を記載した変更契約書について、印紙税の課税標準となる当該変更契約書の記載金額は、1000万円である。

選択肢1について、契約当事者間において、同一の内容の文書を2通以上作成した場合において、それぞれの文書が課税事項を証明する目的で作成されたものであるときは、それぞれの文書が課税文書に該当します。その場合、「契約当事者」には、直接の契約当事者のほか、仲介人も含まれます。したがって、A、B及び仲介人Cが保存する契約書すべてに印紙税が課されます（○）。

選択肢2について、一つの契約書に土地の譲渡金額（5000万円）と建築請負金額（6000万円）をそれぞれ区分して記載した場合、記載金額は大きい方の金額（6000万円）となります（×）。

選択肢3について、贈与契約書は「記載金額のない契約書」として扱われ、一律200円の印紙税が課されます（×）。

選択肢4について、契約金額等を減少（減額）させる変更契約書は、「記載金額のない契約書」として扱われ、一律200円の印紙税が課されます（×）。

印紙税で比較的に出題が多いのが課税文書の「記載金額」です。印紙税額は、課税文書の「記載金額」によって異なります。「記載金額」のないものは、非課税となるのではなく、一律に200円の印紙税が課されます。その他、印紙税については、非課税文書としてどのようなものがあるかについて押さえておきましょう。

なお、印紙税は、国税（所得税・印紙税・登録免許税・贈与税・相続税）の中では、出題頻度の高い税ですが、国税は1問しか出題されないので、できるだけ多くの過去問に触れるようにしましょう。

◎登録免許税

登録免許税は、譲渡所得税や印紙税に比べ出題頻度は低いといえます。登録免許税で繰り返し出題されているのが「住宅用家屋の所有権の移転登記に係る登録免許税の税率の軽減措置」です。

出題例を見てみましょう。

［令和３年《問23》12月試験］

住宅用家屋の所有権の移転登記に係る登録免許税の税率の軽減措置に関する次の記述のうち、正しいものはどれか。

１　この税率の軽減措置の適用対象となる住宅用家屋は、床面積が１００㎡以上で、その住宅用家屋を取得した個人の居住の用に供されるものに限られる。

２　この税率の軽減措置の適用対象となる住宅用家屋は、売買又は競落により取得したものに限られる。

３　この税率の軽減措置は、一定の要件を満たせばその住宅用家屋の敷地の用に供されている土地の所有権の移転登記についても適用される。

4　この税率の軽減措置の適用を受けるためには、登記の申請書に、一定の要件を満たす住宅用家屋であることの都道府県知事の証明書を添付しなければならない。

選択肢1について、住宅用家屋の所有権の移転登記に係る登録免許税の税率の軽減措置は、床面積が「50㎡以上」であることが適用要件とされています（×）。

選択肢2について、住宅用家屋の所有権の移転登記に係る登録免許税の税率の軽減措置の適用対象となる住宅用家屋は、売買又は競落により取得したものに限られます（○）。

選択肢3について、住宅用家屋の所有権の移転登記に係る登録免許税の税率の軽減措置は、住宅用家屋の敷地の用に供されている土地の所有権の移転登記には適用されません（×）。

選択肢4について、住宅用家屋の所有権の移転登記に係る登録免許税の税率の軽減措置の適用を受けるためには、登記の申請書に、一定の要件を満たす住宅用家屋であることの「市町村長等（市町村長又は特別区の区長）」の証明書を添付しなければなりません（×）。

■一定の住宅用家屋の所有権の移転登記に係る登録免許税の税率の軽減措置

①住宅用家屋の取得原因が売買又は競落によるものであること
②自己の居住用に供すること
③床面積50㎡以上であること
④既存住宅の場合は、一定の耐震基準に適合するものであること（登記簿上の建築日付が昭和57年1月以降のものは、一定の耐震基準に適合しているものとみなされる）
⑤新築後又は取得後1年以内に登記すること

あと一つ、登録免許税の出題で付け加えるとすれば、登録免許税の納税義務者に関する問題です。

登録免許税法では、「登記等を受ける者が2人以上あるときは、これらの者は、連帯して登録免許税を納付する義務を負う。」と定められています。不動産売買であれば、売主と買主が連帯して納税義務を負うことになります。

しかし、実務上は、不動産の売買において、ほとんどの場合、買主が登録免許税を納付します。本試験では、登録免許税法上の納税義務者が問われますので、勘違いしないように注意が必要です。

◎贈与税・相続税

贈与税・相続税からの出題は、主に「直系尊属から住宅取得等資金の贈与を受けた場合の非課税」と「住宅取得等資金の贈与を受けた場合の相続時精算課税の特例」の問題です。

出題例を見てみましょう。

［平成27年《問23》］

「直系尊属から住宅取得等資金の贈与を受けた場合の贈与税の非課税」に関する次の記述のうち、正しいものはどれか。

1　直系尊属から住宅用の家屋の贈与を受けた場合でも、この特例の適用を受けることができる。

2　日本国外に住宅用の家屋を新築した場合でも、この特例の適用を受けることができる。

3　贈与者が住宅取得等資金の贈与をした年の1月1日において60歳未満の場合でも、この特例の適用を受けることができる。

4　受贈者について、住宅取得等資金の贈与を受けた年の所得税法に定める合計所得金額が2000万円を超える場合でも、この特例の適用を受けることができる。

選択肢1について、直系尊属から住宅取得等資金の贈与を受けた場合の贈与税の非課税は、住宅取得等資金（金銭）の贈与に限り適用があり、金銭以外の贈与には適用がありません（×）。

選択肢2について、直系尊属から住宅取得等資金の贈与を受けた場合の贈与税の非課税は、日本国内にある住宅用家屋に限り適用されます（×）。

選択肢3について、直系尊属から住宅取得等資金の贈与を受けた場合の贈与税の非課税は、贈与者についての年齢制限がなく、贈与者が60歳未満の場合でも適用を受けることができます（○）。

選択肢4について、直系尊属から住宅取得等資金の贈与を受けた場合の贈与税の非課税は、贈与を受けた年の合計所得金額が「2000万円以下」の者に限り、適用されます（×）。

なお、住宅の面積要件は、40㎡以上240㎡以下となりますが、床面積40㎡以上50㎡未満については、合計所得金額が1000万円以下の者に限り、特例が適用されます。

［平成22年《問23》］

特定の贈与者から住宅取得等資金の贈与を受けた場合の相続時精算課税の特例（60歳未満の親又は祖父母からの贈与についても相続時精算課税の選択を可能とする措置）に関する次の記述のうち、正しいものはどれか。（一部改題）

1　60歳未満の親又は祖父母から住宅用家屋の贈与を受けた場合でも、この特例の適用を受けることができる。

2　父母双方から住宅取得のための資金の贈与を受けた場合において、父母のいずれかが60歳以上であるときには、双方の贈与ともこの特例の適用を受けることはできない。

3　住宅取得のための資金の贈与を受けた者について、その年の所得税法に定める合計所得金額が2000万円を超えている場合でも、この特例の適用を受けることができる。

4　相続時精算課税の適用を受けた贈与財産の合計額が2500万円以内であれば、贈与時には贈与税は課されないが、相続時には一律20％の税率で相続税が課される。

選択肢1について、「特定の贈与者から住宅取得等資金の贈与を受けた場合の相続時精算課税の特例」（以下「本特例」といいます）の適用は、「資金」（金銭）の贈与を受けた場合に限られ、住宅用家屋の贈与を受けた場合には適用されません。

なお、一般の相続時精算課税制度（相続財産の種類を問わない）は贈与者について年齢制限（60歳以上）があるのに対し、本特例は贈与者の年齢を問いません（×）。

選択肢2について、本特例は、贈与者の年齢については制限していません。また、父母それぞれの贈与について適用されます（×）。

選択肢3について、本特例は、贈与を受けた者について、その年の合計所得金額に関する制限を設けていません（○）。

選択肢4について、相続時には、法定相続分に応じて取得した金額によって、税率は異なります（×）。

■「特定の贈与者からの贈与」と「直系尊属からの贈与」の異同

	特定の贈与者からの贈与	直系尊属からの贈与
贈与者の年齢制限	ともに年齢制限なし	
対価に充てる期限	贈与された金銭の全額を贈与年の翌年3月15日までに新築・増改築等の対価に充てること	
所得要件	なし	贈与を受けた年の合計所得金額が2,000万円以下（床面積が40㎡以上、50㎡未満は1,000万円以下）であること
床面積要件	40㎡以上（2分の1以上が自己の居住用であること）	40㎡以上、240㎡以下（2分の1以上が自己の居住用であること）
既存住宅の場合	一定の耐震基準に適合するものであること（登記簿上の建築日付が昭和57年1月以降のものは、一定の耐震基準に適合しているものとみなされる）	

「特定の贈与者から住宅取得等資金の贈与を受けた場合の相続時精算課税の特例」の適用要件は、「直系尊属から住宅取得等資金の贈与を受けた場合の贈与税の非課税」とほぼ同じです。

◎地価公示法・不動産鑑定評価基準

まず「地価公示法」の出題例を見てみましょう。

［令和4年《問25》］

地価公示法に関する次の記述のうち、誤っているものはどれか。

1　土地鑑定委員会は、標準地の正常な価格を判定したときは、標準地の単位面積当たりの価格のほか、当該標準地の地積及び形状についても官報で公示しなければならない。

2　正常な価格とは、土地について、自由な取引が行われるとした場合におけるその取引（一定の場合を除く。）において通常成立すると認められる価格をいい、当該土地に建物がある場合には、当該建物が存するものとして通常成立すると認められる価格をいう。

3　公示区域内の土地について鑑定評価を行う場合において、当該土地の正常な価格を求めるときは、公示価格を規準とする必要があり、その際には、当該土地とこれに類似する利用価値を有すると認められる1又は2以上の標準地との位置、地積、環境等の土地の客観的価値に作用する諸要因についての比較を行い、その結果に基づき、当該標準地の公示価格と当該土地の価格との間に均衡を保たせる必要がある。

4　公示区域とは、都市計画法第4条第2項に規定する都市計画区域その他の土地取引が相当程度見込まれるものとして国土交通省令で定める区域のうち、国土利用計画法第12条第1項の規定により指定された規制区域を除いた区域をいう。

選択肢1について、土地鑑定委員会は、不動産鑑定士に標準地を鑑定評価させ、これを審査し、調整を行って、標準地の「正常な価格」を判定し、官報により公示します。官報により公示する内容には、単位面積当たりの価格のほか、当該標準地の地積及び形状も含まれます（○）。

選択肢2について、正常な価格とは、土地について、自由な取引が行なわれるとした場合におけるその取引において通常成立すると認められる価格をいい、当該土地に建物その他の定着物がある場合又は当該土地に関して地上権その他当該土地の使用若しくは収益を制限する権利が存する場合には、これらの定着物又は権利が「存しない」ものとして通常成立すると認められる価格をいいます（×）。

選択肢3について、公示価格の効力については、「指標」としての効力と「規準」としての効力があります。公示区域内の土地について鑑定評価を行う場合において、当該土地の正常な価格を求めるときは、公示価格を「規準」とする必要があります。本肢の後半も正しい記述です（○）。後半の記述で押さえるべきキーワードは、標準地の公示価格と当該土地の価格との間に「均衡を保たせる」です。

選択肢4について、公示区域とは、都市計画区域その他の土地取引が相当程度見込まれるものとして国土交通省令で定める区域のうち、国土利用計画法により指定された「規制区域」を除いた区域をいいます（○）。

地価公示法で最も多く出題されるのが、公示価格がどのような意味を持つか（指標となるか・規準となるか）という問題です。都市及びその周辺の地域等において、土地の取引を行う者については「指標」となりますが、それ以外の場合は、「規準」となります。「指標」は、一応の目安に過ぎませんが、「規準」とは、ある土地の価格を求める場合に、公示価格との間に均衡を保たせる必要があることをいいます。

次は、「不動産鑑定評価基準」です。

［令和6年《問25》］

不動産の鑑定評価に関する次の記述のうち、不動産鑑定評価基準によれば、誤っているものはどれか。

1　同一需給圏とは、一般に対象不動産と代替関係が成立して、その価格の形成について相互に影響を及ぼすような関係にある他の不動産の存する圏域をいう。

2　対象不動産について、依頼目的に応じ対象不動産に係る価格形成要因のうち地域要因又は個別的要因について想定上の条件を設定する場合がある。

3　不動産の価格は、その不動産の効用が最高度に発揮される可能性に最も富む使用を前提として把握される価格を標準として形成されるが、これを適合の原則という。

4　収益還元法は、対象不動産が将来生み出すであろうと期待される純収益の現在価値の総和を求めることにより対象不動産の試算価格を求める手法であり、賃貸用不動産又は賃貸以外の事業の用に供する不動産の価格を求める場合に特に有効である。

選択肢1について、同一需給圏とは、一般に対象不動産と「代替関係」が成立して、その価格の形成について「相互に影響を及ぼす」ような関係にある他の不動産の存する圏域をいいます（○）。「代替関係」「相互に影響を及ぼす」がキーワードです。

選択肢2について、対象不動産について、依頼目的に応じ対象不動産に係る価格形成要因のうち地域要因又は個別的要因について想定上の条件を設定する場合があります（○）。

不動産の価格を形成する要因（価格形成要因）は、**一般的要因**（一般経済社会における不動産の価格に影響を与える要因）、**地域要因**（各地域の特性を形成し、その地域の不動産の価格に影響を与える要因）、**個別的要因**（個別の不動産の価格に影響を与える要因）に分けられますが、鑑定評価を行うにあたっては、依頼目的に応じ価格形成要因のうち地域要因又は個別的要因について想定上の条件を設定する場合があります。

選択肢3について、不動産の価格は、その不動産の効用が最高度に発揮される可能性に最も富む使用を前提として把握される価格を標準として形成されますが、これを「最有効使用の原則」といいます（**×**）。

選択肢4について、収益還元法は、対象不動産が将来生み出すであろうと期待される純収益の現在価値の総和を求めることにより対象不動産の試算価格を求める手法であり、賃貸用不動産又は賃貸以外の事業の用に供する不動産の価格を求める場合に特に有効です（○）。

不動産鑑定評価基準で最も多く出題されるのが、鑑定評価の3つの手法（①原価法・②取引事例比較法・③収益還元法）に関する問題です。

■鑑定評価の手法と当該手法によって求められた価格

①原価法（積算価格）

〈内容〉価格時点において、対象となる不動産の再調達に要する費用を求め、これから時間の経過に伴って減価した分を引いて対象不動産の試算価格を求める手法。

〈有効性〉建物や造成地・埋立地などの鑑定評価には有効な方法であるが、既成市街地の土地の鑑定評価には、適用することが困難である。

②取引事例比較法（比準価格）

〈内容〉多数の取引事例を収集し、その取引価格に、事情補正及び時点修正を施して、対象不動産の試算価格を求める手法。

※比較する取引事例は、原則として近隣地域又は同一需給圏内の類似地域に存する不動産の中から選択し、やむを得ない場合には近隣地域の周辺から選択し、さらに以下の❶～❸の条件をすべて満たすものでなければならない。

❶取引事例が正常なものと認められるものであること又は正常なものに補正することができるものであること（投

機的取引は採用できない）❷時点修正することが可能なものであること　❸地域要因の比較及び個別的要因の比較が可能なものであること

〈有効性〉近隣地域若《も》しくは同一需給圏内の類似地域等において対象不動産と類似の不動産の取引が行われている場合又は同一需給圏内の代替競争不動産の取引が行われている場合に有効。取引事例の少ないものへの適用は困難。

③**収益還元法（収益価格）**

〈内容〉対象不動産が将来生み出すであろうと期待される純収益の現在価値の総和を求めることにより対象不動産の試算価格を求める手法。収益還元法には、一期間の純収益を還元利回りによって還元する「**直接還元法**」と、連続する複数の期間に発生する純収益及び復帰価格をその発生時期に応じて現在価値に割り引き、それぞれを合計する「**DCF法**」がある。

〈有効性〉

(1)賃貸用不動産又は賃貸以外の事業の用に供する不動産の価格を求める場合に有効。

(2)自用の不動産であっても賃貸を想定することにより適用することができる。

(3)文化財の指定を受けた建造物等は適用が困難（それ以外のすべての不動産に適用することができる）。

◎住宅金融支援機構

［令和6年《問46》］

独立行政法人住宅金融支援機構（以下この問において「機構」という。）に関する次の記述のうち、誤っているものはどれか。

1　証券化支援業務（買取型）において、機構による譲受けの対象となる住宅の購入に必要な資金の貸付けに係る金融機関の貸付債権には、当該住宅の購入に付随する当該住宅の改良に必要な資金は含まれない。

2　機構は、地震に対する安全性の向上を主たる目的とする住宅の改良に必要な資金の貸付けを業務として行っている。

3　機構は、民間金融機関による住宅資金の供給を支援するため、民間金融機関が貸し付けた住宅ローンについて、住宅融資保険を引き受けている。

4　機構は、住宅のエネルギー消費性能（建築物のエネルギー消費性能の向上等に関する法律第2条第1項第2号に規定するエネルギー消費性能をいう。）の向上を主たる目的とする住宅の改良に必要な資金の貸付けを業務として行っている。

選択肢1について、証券化支援業務（買取型）において、機構による譲受けの対象となる住宅の購入に必要な資金の貸付けに係る金融機関の貸付債権には、当該住宅の購入に「付随する」当該住宅の改良に必要な資金も含まれます（×）。そのほか、住宅の購入に付随するものとして土地・借地権の取得があります。

選択肢2について、機構は、地震に対する安全性の向上を主たる目的とする住宅の改良に必要な資金の貸付けを業務として行っています（○）。

選択肢3について、機構は、民間金融機関による住宅資金の供給を支援するため、民間金融機関が貸し付けた住宅ローンについて、住宅融資保険を引き受けています（○）。

選択肢4について、機構は、住宅のエネルギー消費性能（建築物のエネルギー消費性能の向上等に関する法律に規定するエネルギー消費性能をいう。）の向上を主たる目的とする住宅の改良に必要な資金の貸付けを業務として行っています（○）。

■証券化支援業務（買取型）

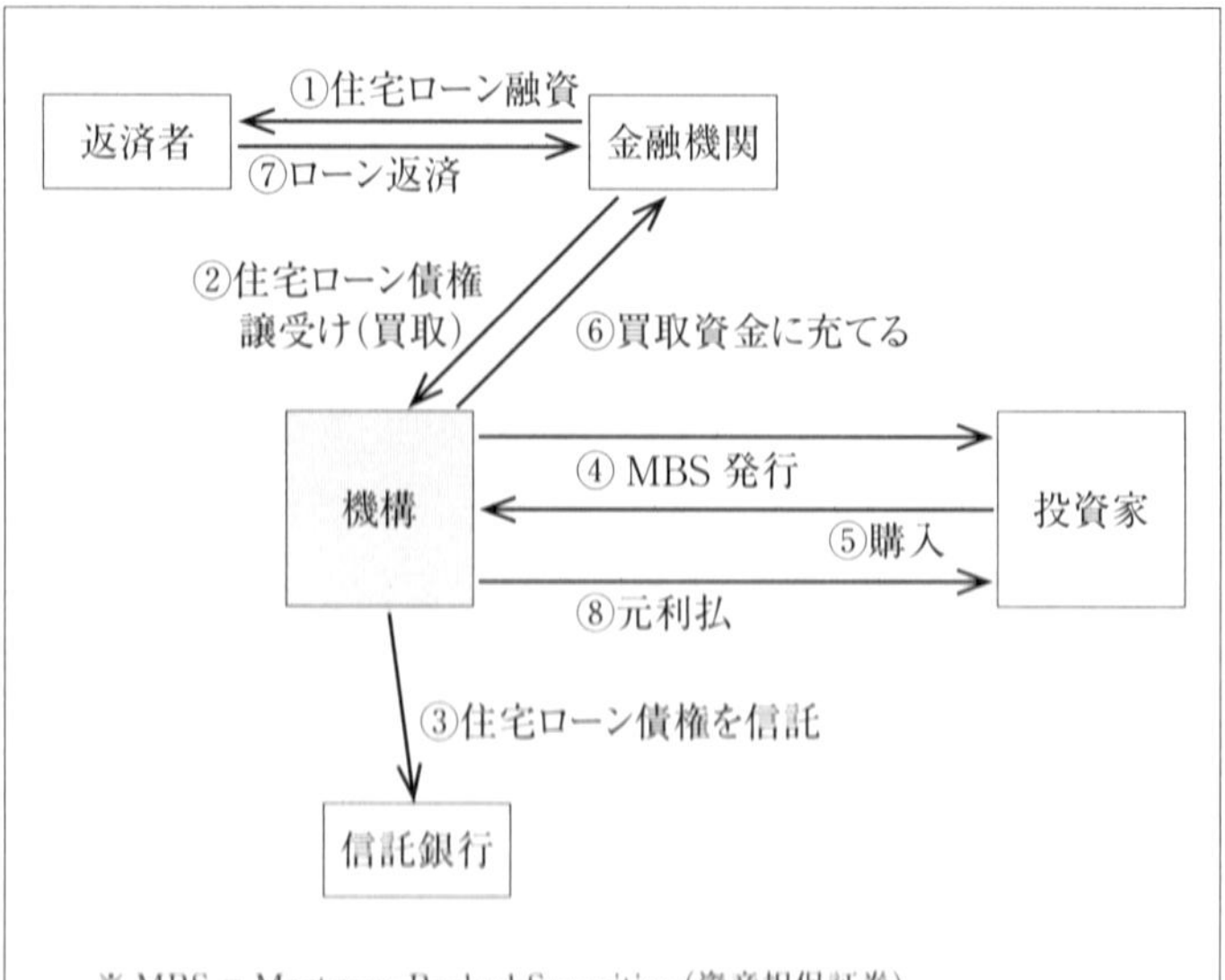

※ MBS = Mortgage Backed Securities（資産担保証券）

住宅金融支援機構からの出題は、ほとんどが機構の業務についての問題であることはすでに述べましたが、住宅金融支援機構の問題が厄介なのは、実務がらみの問題が出題されることです。

特に、証券化支援業務においては、住宅ローンを提供している民間の金融機関、住宅ローンの返済者、機構、投資家の関係など、その仕組みを理解しておく必要があります（上図参照）。

◎不当景品類及び不当表示防止法（景表法）

景表法からの出題は、ほとんどが景表法に基づく業界の自主規制ルールである「不動産の表示に関する公正競争規約」からです。

それでは出題例を見てみましょう。

【令和6年《問47》】

宅地建物取引業者が行う広告に関する次の記述のうち、不当景品類及び不当表示防止法（不動産の表示に関する公正競争規約を含む。）の規定によれば、正しいものはどれか。

1　新築分譲住宅の予告広告（価格が確定していないため、直ちに取引することができない物件について、取引開始時期をあらかじめ告知する広告）を新聞折込チラシを用いて行った場合は、本広告を新聞折込チラシ以外の媒体を用いて行ってはならない。

2　土地取引において、当該土地上に廃屋が存在するとき、実際の土地を見れば廃屋が存在することは明らかであるため、廃屋が存在する旨を明示する必要はない。

3　交通の利便性について、電車、バス等の交通機関の所要時間を表示する場合は、朝の通勤ラッシュ時の所要時間ではなく、平常時の所要時間を明示しなければならない。
4　居住の用に供されたことはないが建築後1年以上経過した一戸建て住宅について、新築である旨を表示することはできない。

選択肢1について、予告広告を行った場合でも、本広告を次のいずれかの方法で行うことができます。
①予告広告を行った媒体と同一の媒体を用い、かつ、当該予告広告を行った地域と同一又はより広域の地域において実施する方法
②インターネット広告により実施する方法
したがって、予告広告を新聞折込チラシを用いて行った場合、本広告をインターネット広告により行うことができます（×）。

選択肢2について、土地取引において、当該土地上に古家、「廃屋」等が存在するときは、その旨を明示しなければなりません（×）。

選択肢3について、電車、バス等の交通機関の所要時間を表示する場合は、朝の通勤ラッシュ

時の所要時間を明示しなければなりません（×）。この場合において、平常時の所要時間をその旨を明示して併記することができます。

選択肢4について、「新築」とは、建築工事完了後「1年未満」であって、居住の用に供されたことがないものをいいます。建築後1年以上経過した一戸建て住宅について、居住の用に供されたことがない場合でも、新築である旨を表示することはできません（○）。

景表法の問題は、ほとんどが具体的な広告表示の内容について不当表示となるおそれがあるかどうかに関するものです。用語に関する問題（肢4）もよく出題されます。特に、選択肢4は繰り返し出題されているので、しっかり押さえておきましょう。

◎統計

統計の問題は、ほぼ出題される事項が決まっています。出題例を見てみましょう。

［令和6年《問48》］

次の記述のうち、正しいものはどれか。

1　令和6年地価公示（令和6年3月公表）によれば、令和5年1月以降の1年間の地価の動向は、三大都市圏・地方圏ともに、全用途平均・住宅地・商業地のいずれも3年連続で上昇した。

2　令和4年度宅地建物取引業法の施行状況調査（令和5年10月公表）によれば、令和5年3月末における宅地建物取引士の総登録者数は、200万人を超えている。

3　令和5年住宅・土地統計調査住宅数概数集計（速報集計）結果（令和6年4月公表）によれば、令和5年10月1日現在における賃貸・売却用及び二次的住宅（別荘など）を除く空き家は、900万戸に達している。

4　建築着工統計（令和6年1月公表）によれば、令和5年の新設住宅着工戸数は90万戸を超え、3年連続で増加した。

選択肢1について、令和6年地価公示（令和6年3月公表）によれば、令和5年1月以降の1年間の地価の動向は、三大都市圏・地方圏ともに、全用途平均・住宅地・商業地のいずれも

3年連続で上昇しました（〇）。

選択肢2について、令和5年3月末における宅地建物取引士の総登録者数は、115万4979人となっています。100万人を超えていますが、200万人を超えていません（✕）。

選択肢3について、令和5年住宅・土地統計調査住宅数概数集計（速報集計）結果（令和6年4月公表）によれば、令和5年10月1日現在における賃貸・売却用及び二次的住宅（別荘など）を除く空き家は「385万6000戸」となっています。900万戸には達していません（✕）。

選択肢4について、建築着工統計（令和6年1月公表）によれば、令和5年の新設住宅着工戸数は、約82万戸（81万9623戸）であり、3年ぶりの「減少」となっています（✕）。

統計は、最新の統計データが出題されます。ただし、よく出題される法人企業統計年報（毎年9月公表）は、前年に公表されたものが出題されます（本問では出題なし）。最新の統計データについては、出願時期頃からインターネット上で、受験指導校その他により情報が出始めますので、適宜利用されるとよいでしょう。

◎土地・建物

まず「土地」の出題例を見てみましょう。

［令和元年《問49》］

土地に関する次の記述のうち、最も不適当なものはどれか。

1　台地、段丘は、農地として利用され、また都市的な土地利用も多く、地盤も安定している。

2　台地を刻む谷や台地上の池沼を埋め立てた所では、地盤の液状化が発生し得る。

3　台地、段丘は、水はけも良く、宅地として積極的に利用されているが、自然災害に対して安全度の低い所である。

4　旧河道や低湿地、海浜の埋立地では、地震による地盤の液状化対策が必要である。

選択肢1について、台地、段丘は、一般に地盤が安定しています。農地として利用されたり、都市的な土地利用が行われたりしています（適当）。

選択肢2について、台地を刻む谷や台地上の池沼を埋め立てた所では、地震の際、地盤の液状化が発生しやすいといえます（適当）。

選択肢3について、台地、段丘は、水はけもよく、一般に地盤が安定しており、自然災害に対して安全度が「高い」ため、宅地として積極的に利用されています（最も不適当）。

選択肢4について、液状化現象とは、地震により地盤全体が液状になることをいいます。液状化は、地下水位が高く、砂の粒子が小さい軟弱な砂地盤や埋立地で起きやすく、旧河道や低湿地、海浜の埋立地では、地震による地盤の液状化対策が必要です（適当）。

土地に関する問題は、常識で解ける問題がほとんどです。本問は、過去に類似問題が繰り返し出題されています。

土地に関する問題は、常識の範囲に収まらないと感じる過去問のみチェックすればよいでしょう。

次は「建物」に関する問題です。

［平成30年《問50》］

建築物の構造に関する次の記述のうち、最も不適当なものはどれか。

1　木造建物を造る際には、強度や耐久性において、できるだけ乾燥している木材を使用するのが好ましい。

2　集成木材構造は、集成木材で骨組を構成したもので、大規模な建物にも使用されている。

3　鉄骨構造は、不燃構造であり、耐火材料による耐火被覆がなくても耐火構造にすることができる。

4　鉄筋コンクリート構造は、耐久性を高めるためには、中性化の防止やコンクリートのひび割れ防止の注意が必要である。

選択肢1について、木材は、乾燥しているほど、強度や耐久性が大きいので、できるだけ乾燥している木材を使用するのが好ましいとされます（適当）。

選択肢2について、集成材とは、板を繊維方向にそろえて貼り合わせた建材で、強度・剛性が高められたうえ、均一化されているので、大規模な建物にも使用されています（適当）。

選択肢3について、鉄骨構造は、不燃構造ですが、火熱による耐力の低下が大きいため、耐火構造にするためには、鉄骨を耐火材料によって耐火被覆する必要があります（最も不適当）。

選択肢4について、コンクリートの中性化が進行すると鉄筋の防錆化機能を失い、コンクリートのひび割れは、雨水の浸入などにより、鉄筋の腐食原因となります。したがって、鉄筋コンクリート構造は、耐久性を高めるためには、中性化の防止やコンクリートのひび割れ防止の注意が必要です（適当）。

本問は、すべて過去に類似問題が出題されており、確実に得点できる問題といえます。建物の構造の分類については、建築材料による分類（木造、ブロック造、鉄筋コンクリート造、鉄骨造、鉄骨鉄筋コンクリート造）、構造形式による分類（ラーメン構造、壁式構造、トラス構造、アーチ構造）、地震対策による分類（耐震、制震、免震）などがあり、過去に出題されているので、それぞれの特徴について理解しておく必要があります。

第6章

試験直前・前日・当日のちょっとしたアドバイス

1 ラストスパート期の過ごし方

合格への道
試験日前3日間は最終確認のための過去問チェックにあてる

◎**得点源に選択&集中**

宅建士試験では、多くの受験者が正解するような問題を落とすのは致命傷になると心がけましょう。

例えば、民法は得意であり自信があるという人も、まれにいるかもしれません。しかし、民法は得意だという人でさえも、思うように得点が伸びないこともまた多い、というのが現実なのです。それはど民法は得点が計算できない科目であり、**民法で高得点を狙うのはリスクが高い**と思ったほうがよいでしょう。

やはり、多くの受験者が正解するような問題は確実に得点し、**中レベルの難易度の問題で得点を上積みするのが最も合格に近い得点法**です。

そこで、試験日前3日間は、確実に得点しなければならない宅建業法を中心に、過去問を使ってチェック漏れがないようにします。民法については、最低限半分を正解できればよいという気持ちで、出題頻度の高い論点に絞ってチェックしましょう。法令上の制限、税その他は、直前の学習でも数点の伸びは可能ですから、宅建業法と同様に過去問を使ってチェック漏れがないようにしましょう。

◎間違いやすいところを洗い出す

また、過去問を使って、どうしても間違ってしまう事項、なかなか覚えられない数字などのメモ書きを準備しておきましょう。これは試験会場で直前まで目を通すことができるようにするものです。

2

試験前日の過ごし方

合格への道

本番を見据えた時間配分のシミュレーションを

◎当日同様のリハーサル模試を自分で

試験日前3日間と重複する部分が多いですが、できれば本試験と同じ50問を2時間以内で解答するシミュレーションをしてみましょう。

その場合、1問目の「権利関係」から解くのではなく、確実に得点すべき科目である、

第15問の「法令上の制限」

又は

第26問の「宅建業法」

から解くようにしましょう。

◎科目ごとの時間配分も決めておく

そして、科目ごとの時間配分も決めておきます。

本試験では、問題を解く順番や各科目ごとの解答時間の配分が得点に大いに影響します。

いつもは、50問を90分程度で解答できる場合でも、本試験では必要以上に問題文を食い入るように確認するため、１２０分（2時間）では時間がまったく足りないという人がたくさんいます。

そこで、本番で焦らないようにするため、問題を解く順番や各科目ごとの解答時間もシミュレーションしておくことをお勧めします。

◎見直しの時間をどれだけとるか

また、その際には、一度解答した後の見直しの時間をどれだけとるかも考えておきましょう（見直しは、少なくとも15分程度は必要です）。

3

試験当日の過ごし方

合格への道

「やることはやった」と腹をくくることも大事

◎持ち物チェック

まずは、試験会場に持って行くもののチェックをします。

①受験票

②日頃使い慣れているシャープペンシル又は鉛筆（B又はHB）**を複数本**

③プラスチック消しゴム（2つ以上）

④腕時計

⑤直前までチェックできるテキスト、過去問、メモ書きなど

①を忘れると話になりません。必ず確認してください。

②の筆記具ですが、平常心を保つという意味で、日頃使い慣れているものを使用することが

大切です。なお、鉛筆を使用する際には、なるべく多めに予備を用意したほうがよいでしょう。試験中には鉛筆を削ることはできませんので、会場へはそれぞれの鉛筆にキャップをつけておき、会場の机に置く際に、キャップを外して置いておきます。

③消しゴムも、よく本試験中に力が入り床に落としてしまうことがあります。もし拾ったりすると、不正行為をみなされる可能性がありますので止めるべきです。そのために予備の消しゴムを必ず用意しておきましょう。

④腕時計も必須アイテムです。会場によっては時計が設置してないところもありますので必要です。また、日頃スマホで時間を確認することが多いので、腕時計をする人が減っていますが、もちろん試験会場ではスマホは時計代わりに使えませんので、腕時計が必須になります。なお、置き時計はたとえコンパクトなものでも使用できませんので注意してください。

◎試験会場には早めに到着する

試験会場には、少なくとも試験開始の1時間前（正午）には到着できるようにしましょう。交通機関のトラブルが生じても対応できるように早めに家を出ましょう。

昼食をとる時間も考えておきましょう。空腹や満腹で普段の力が発揮できないというのは避けなければなりません。自宅から試験会場までにかかる時間にもよりますので、遅めの朝食にするか、試験会場の近くで軽めの食事にするか決めておきましょう。

◎試験会場の確認

入室できる時間になったら自分の席を確認しましょう。

試験会場は、大学、高等学校、調理学校、民間の貸し会議室など多様化しています。また、数百人も収容できるような大講堂のようなところから、20名程度の会議室のような会場までその規模もさまざまですので、試験会場の雰囲気に慣れ、落ち着くことが大切です。

そして、トイレを済ませたり、直前までメモ書きなどのチェックも忘れずに実行しましょう。

<著者紹介>
竹原 健（たけはら けん）

1963年生まれ。早稲田大学社会科学部卒。

行政書士・マンション管理士・一級知的財産管理技能士（特許専門業務・コンテンツ専門業務・ブランド専門業務）。

20年以上にわたり、行政書士試験、宅地建物取引士試験、マンション管理士試験、賃貸不動産経営管理士試験などの国家試験をはじめ、各種検定試験の講師を務める。主著に『行政書士試験 非常識合格法』（すばる舎）がある。

宅建士試験 非常識合格法

2020年10月25日　第1刷発行
2024年12月 7日　第2刷発行

著　者――竹原 健
発行者――德留 慶太郎
発行所――株式会社すばる舎
東京都豊島区東池袋3-9-7 東池袋織本ビル　〒170-0013
TEL　03-3981-8651（代表）　03-3981-0767（営業部）
振替　00140-7-116563
https://www.subarusya.jp/
印　刷――株式会社シナノパブリッシングプレス

ISBN978-4-7991-0934-2